ベーシックテキスト

人材開発論 Lite

松本雄一 著

同文舘出版

まえがき

　このテキストは，人材開発論の「ライトな入門書」を意図して作っています。

　まず「入門書」は，一般の人にも理解できるレベルということですが，難しい内容が一切入っていないというわけではありません。研究者の読む専門書のレベルではないという意味です。ですが世間の入門書によくある「全然入門じゃないやん！」という難しい内容が大半を占める，というレベルにはしていないつもりです。ですのでこのレベルで物足りない方，専門書のレベルが必要な場合は，巻末の参考文献を頼りに探してください。

　他方，「ライトな」というところですが，これにはいくつかの意味が含まれていると思います。まず「平易な，簡単な」と同じように考えることです。これらは「入門書」という言葉にすでに含まれています。しかし平易だといっても実際は「ライトではない」入門書もあるのではないでしょうか。次に「わかりやすい」という意味です。専門書であってもわかりやすいものもあれば，入門書なのにわかりにくいものもあるかもしれません。本書は講義で使うことを意図しているので，読んだだけですべてわかるということはないかもしれませんが，できるだけわかりやすく感じられるよう，工夫したつもりです。

　本書でいう「ライトな」の意味で，一番意図したところは，「とっつきやすい」という意味です。テキストは1回読んで終わりじゃなく，何回も読み直したりすることが大事だと思います。1回だけ目を通すのも大変な本で，繰り返し読んでもらうのは難しいですよね。しかしとっつきやすさといっても，それを実現する手段はいろいろあると思います。また，それを実現することで，かえって他に実現できないことも出てくると思います。

　このテキストは，他のいくつかのことを犠牲にしてでも，とっつ

きやすい「ライトな入門書」として何度も繰り返し読んで勉強して
もらえるよう，いろいろ工夫しました。みなさんの学生生活や社会
人生活に寄り添える，友達のような本であれば幸いです。

筆者

■**いきなり本書を手にとった人へ**■

　本書は人材開発論のテキストですが，経営学の基本的な用語は知って
いることを前提にしています。「企業とは何か」「経営とは何か」「組織と
は何か」といった知識がないと，勉強しにくいかもしれません。そんな
ときは経営学の入門書や，用語辞典を使うといいでしょう。

北居明・松本雄一・鈴木竜太・上野山達哉・島田善道（2020）『経営学ファーストステップ』八千代出版。

深山明・海道ノブチカ（編著）（2015）『基本経営学（改訂版）』同文舘出版。

吉田和夫・大橋昭一（監修）深山明・海道ノブチカ・廣瀬幹好（編）（2015）『最新・基本経営学用語辞典（改訂版)』同文舘出版。

〈本書の読み方〉

　本書はみなさんにやる気を持って楽しんで人材開発論を学んでもらうため，他の本とはちょっと違う書き方をしています。ややクセが強いところもあるかもしれませんがご了承ください。

○本書のねらい

　それぞれの章の最初に，勉強する内容と，「その章を学ぶことでどんないいことがあるのか」を記しました。トピックと学ぶメリットを理解することで，学ぶ意欲を高める参考にしてください。

○ショートコント

　さらに学ぶ意欲を高めるため，トピックを扱った何気ない会話で構成されるショートコントを作りました。読むとその章の内容をより深く理解できる…というわけではないのですが，内容を身近に感じてもらえれば十分です。くすっと笑って本編に入ってください。

○本編

　本編では大事な用語を強調するという工夫はしてありますが，その用語に下線を引いたりマーカーで塗ったりすることで，理解度が高まると思います。あいているところには自分の感想や，講義で聞いた大事なことをメモするといいでしょう。おすすめは右手にペン，左手にマーカーを持って，能動的に講義を聴いたり，読んだりすることです。難しい内容と感じてもかまわず先に読み進めましょう。一読してわからないと決めつけるのではなく，何回か通して読んでみると頭に入ってきますよ。

○三毛猫株式会社の事例

　本編はしっかりとした内容で構成してあるつもりですが，時々架空の例として，「三毛猫株式会社」の事例が登場します。人間の例でもいいのですが，筆者がねこ好きだからという理由です。三毛猫株式会社は従業員が全員ねこの会社で，人間のようにばりばり働い

て業績を上げているという設定です。そのトピックを理解してもらう目的で作っていますが，気楽に楽しんで見てください。名前の前についているのは全部ねこの品種名です。

○トランジションのための人材開発論

　章の終わりにあるこのコーナーは，キャリアデザインにおけるトランジション，本書ではあとあと人生の転機になりそうな，困難な出来事を指すのですが，それを乗り越えるために，その章で学んだことをどう活用できるのか，について考えていきます。実際にトランジションに直面している方は参考にしてほしいですし，学んだことをどういかせるのか，考えるヒントにしてください。キャリアデザインについては，本書の姉妹本『ベーシックテキスト　人材マネジメント論Lite』を参考にしてください。

○本章のまとめ

　その章を箇条書きにまとめてあります。最後に復習としてもう一度読んで知識を定着させたり，あるいは予習として先に読んだりして，理解を助ける参考にしてください。

○考えてみよう

　考えてみようは，さらに理解を深めるために取り組む，小さな問題です。講義では自主レポートに用いることもあります。頭の中で少し考える時間をとるだけでもいい学びが得られるでしょう。ぜひやってみてください。

○おすすめ本

　勉強の一番効果的で大事な方法は本を読むことです。理解を深めるのにおすすめな本を，章ごとに紹介しています。ぜひ一度手にとって，少しだけでも読んでみてください。おすすめ本以上に理解を深めたいときは，巻末の参考文献リストの本を読んでみましょう。

ベーシックテキスト人材開発論Lite●目次

第 3 章 経験学習論

第 4 章 心理的安全性と職場学習論

第 5 章 コーチング

第 6 章 メンタリング

第**10**章 知識創造理論

第**11**章 学習する組織

第**12**章 インストラクショナルデザイン

第**13**章 正統的周辺参加

第**14**章 共同体の学習

第**15**章 実践共同体

ベーシックテキスト

人材開発論Lite

第 **1** 章

人材開発論とは

本章のねらい

本章ではイントロダクションとして，人材開発論とは何を学ぶのか，人材開発の本書でのとらえ方について見ていきます。本章を学ぶことで，人材開発論は「人を育てる」だけでなく，「自分を成長させる」やり方を身につけさせてくれる，ということを理解することができるでしょう。がんばりましょう！

ショートコント

ミク：先生始まりましたね！　人材開発論。

マツモト：始まったね。講義がんばらんとな！

ミク：ところで人材って開発するもんなんですか？　なんかちょっと不思議。

マツモト：しょっぱなから痛いところ突いてくるな。personnel developmentっていうのが英語の名前やから人材開発論っていうふうにしてあるんやけど，確かにいう通り，ちょっとなじみがないかもな。

ミク：そうそう！　人材育成はなんとなくわかるけど，開発って何？みたいな。

マツモト：都市開発とか，森林開発とかのイメージ？

ミク：あー，ディベロッパーみたいなイメージありますね。ミクそんな学部で勉強してたっけ？って思います。

マツモト：「能力開発」はよく聞くやろ？　そんなイメージでとらえてほしいねん。でも能力開発論やと，ほんとに経営学の講義？って感じにならへん？

ミク：確かに！　ちょっとマッドサイエンティストっぽい！

マツモト：そうかな…ともかくあんまり講義名では聞かないんよね。人材育成論でもいいんやけど，これから説明するように，この本では「人を育てる」と「自分を成長させる」を裏表のものとして考えてほしいんよね。たいした違いはないけど，育成やと若干育てるの方に偏ってる印象やねん。

ミク：なるほど。意外にちゃんと考えてるんですね！

マツモト：というか今考えたわ。

ミク：今！？

1 はじめに

　本節ではイントロダクションとして，この本がどんなことを学ぶのかについてご紹介したいと思います。人材開発論といわれても何を学ぶのか？　そもそもこの本は何をねらっているのか？　そんな基本的なことについておさえていきたいです。よろしくお願いします。

2 人材開発論とは

　本書における人材開発（personnel development）と，一般的にいわれる「人材育成（human resource development）」は同義と考えてください。人材育成は，Bratton & Gold（2003）が，「望ましい成果を達成するための行動に変化が生じるように，個人・チーム・組織の技能や知識および能力を強化するための学習活動を意図的に提供する手順とプロセス」と定義しています。またHall（1984）は戦略的人的資源管理の文脈で，「企業戦略・事業戦略に関連した長期的な未来に向けて，必要なスキルを特定し，従業員の学習を積極的に管理すること」であると定義しています。Hall（1984）は発達・成長（development）についても「個人の現在と未来の有効性を高めるプロセス」とシンプルに定義していますが，両者の違いは，企業における人材育成は，それが企業経営に資することが大事ということです（中原，2014）。しかし企業の立場からはそうかもしれませんが，個人の側から見れば，自分の成長すべてが企業にとって有益でないといけないわけでもないですよね。ですから両方見ておきましょう。

　ともかく企業は人でできているのです。企業を構成する「人材」は，経営学の最初の頃に習うように，ヒト，モノ，カネ，情報という4つの経営資源のうちの1つで，最も重要なものです。そして人材という資源は，企業の内外で経験を積んで成長しますし，企業の

教育によっても成長します。そんな人材をどのように育てていくのか，学習させていくのか，を考える学問であるといえます。そして本書では具体的には，

- 人を育てる企業の仕組み（教育訓練制度）
- 人は経験から（経験学習論），職場において（職場学習論），どのように学習するのか
- 人材をどのようにコーチしたり（コーチング），ケアしたり（メンタリング）するのか
- 大人をどのように学ばせるかを考えたり（成人学習）
- 企業内の知識をどのようにマネジメントするのか（ナレッジ・マネジメント）
- 企業のパラダイムをどのように転換させるのか（企業のパラダイム転換）
- 組織はどのように学習するのか（組織学習論）
- 研修の設計と実施方法を学んだり（インストラクションデザイン）
- 現場での学びをとらえなおしたり（正統的周辺参加）
- 共同体での学びのいいところを整理したり（共同体の学習）
- 学習のためのコミュニティとはどのようなものかを考えたり（実践共同体）　など

といった内容について学んでいきます。わかっています，みなさんの素直な感想は，「これってビジネスの分野で学ぶことなのか？」ですよね。確かに本書の内容には，教育学や心理学，認知科学，文化人類学等々の，他分野の知見がたくさん入っています。しかしもともと経営学は，企業や組織の現象を説明するために，基礎科学や他分野の知見を積極的に用いてきた，応用科学としての歴史があるのです（北居ほか，2020）。この学際性，すなわち学問分野を横断して多様な知見を集めて考えることは，経営学のおもしろいところでもあるのです。

3 「育てられる」から「自分で育つ」への発想の転換

　他分野の知見をたくさん用いているもう1つの理由は，これは本書の大事なメッセージですが，この講義で学ぶ内容は，「どのようにして人を育てるか」だけではなく，今この内容を学んでいるみなさんが，「企業の中で成長する方法」を考えるヒントになる，ということです。就職活動をしている，またはその予定がある人に「どんな企業に入りたいですか？」と聞くと，結構な確率で「自分が成長できる企業で働きたい」と答えますし，「どんな人材になりたいですか？」と聞くと，「企業の中で成長していける人材になりたい」と答えます。みなさんもそうかもしれませんね。しかしそれは，どのようにして達成しようと考えていますか？

　そうなんです，「どうやって企業の中で成長するか」は本来とても重要なのに，そのやり方の大部分は本人任せなのです。大学卒業までに積んだ経験から学んだことをなんとかアレンジして，社会人という未知の領域でなんとか自分なりにがんばる，あと必要なことは企業が教育してくれる，そんなふうに考えている人もいるかもしれませんよね。

　まず次章でも説明しますが，企業における人材育成は基本的に学習者の「自学」のプロセスを様々な形でサポートするのが基本なのです。最近は「教えられるのを待っている」若手が増えているという声も企業から聞きますが，学習者の「自分で学ぶ」姿勢が大事です。他方で最近は，なかなか人を育てる余裕がない企業も多いという話も聞きます。教育に熱心ではない上司の下に配属され，放置されるような状況に置かれたとき，そうならないことを祈るばかりですが，どうしたらいいのでしょうか。

　そうなんです，もう育てられるのを待っている場合ではありません。自分で育つ，自分で成長する方法を考えなければならないのです。

そして最近，ビジネスの現場で自分で成長する方法を考えるにあたって，参考になる理論が結構蓄積されてきているんです。筆者が大学院生の頃は「個人の学習？　なんでそんなこと研究するの？」などといわれましたが，現在では大事な問題として扱われるようにはなってきています。これから何度もお伝えするのですが，大事なことは「学校での学び」と「仕事での学び」は少し違うということで，そんな「ビジネスにおいて人を育てること，自分を成長させること」について学ぶのが，本書における人材開発ということです。そのためには多様な知見を集めて，人を育てて，自分を成長させる考え方を学ばなくてはいけない，そう思いませんか。

4 トランジションを乗り越えるための人材開発

　もう社会人の人はもちろん，まだ学生のみなさんもバイトなどでイメージできる人も多いと思いますが，社会人として携わる仕事は大変で，壁にぶつかることもあるかもしれません。

・与えられた仕事はやったことがなく，なかなか結果が出せない
・上司は目標達成についてシビアに要求してくるが，やり方は教えてくれない
・仕事を効率的に片づけられず，残業が多く，休みの日もなかなか休めない
・新人の指導係になったが，新人はなかなか自分のいうことをきかず，成長しない

　こんな状況に直面することもあるかもしれません。それを乗り越えるためにどうすればいいのでしょうか。経営学は様々な研究において，理論を提示し，その解決に資するように日々発展しています。本書ではそんな困難を，キャリアにおける人生の転機，「トランジション（transition）」（Bridges, 1980）として，どう乗り越えるかについて考えていきます。

人材開発論は，トランジションを乗り越える解決策として「自分を育てる」「他者を育てる」ということがあるといっています。もちろんうまくいかないこともありますし，うまくいったとしても解決できないこともあるかもしれませんが，状況を好転させる１つの方法ではあるかもしれませんよね。「仕事ができれば，仕事は楽しい」，この考え方のもと，他者や自身を成長させることを，困難を乗り越えるやり方の１つとして，引き出しを多く持ってほしいというのが本書の意図するところです。

しかしそれは「しんどいのはオマエができんからや」というような，自己責任の考え方ではありません。そんな状況を乗り越えるのに必要な知識やスキルは，意外に自分の周囲の状況に転がっていることがあるのです。それを「学習資源」といったりしますが，学習資源としての他者や状況をうまく活用し，効果的に自分を育てたり他者を育てたりすることができると，即効性はないかもしれないけど，状況を好転させることができるかもしれないのです。

そしてもちろんそれは仕事においてだけではなく，学生のみなさんがサークル・バイト先・各種団体・部活等で現在直面している問題に今すぐに対処して解決に向かわせるためのヒントにもなりうる，そう考えています。

5 実践知の発見・共有・伝達としての人材育成

ここで例として，人材育成の理論の１つである，「実践知」について見てみましょう（金井・楠見，2012）。実践知は「仕事を前に進める知識」と考えていいですが，それはその仕事をする人々が持っています。そんな知識を職場で調査したり，人々で出しあったりして見つけ出し，共有することで，成果につなげることができますし，それを新人や成果を出せない人に教えることで人材を育成することもできます。これが教育の側面です。それに対して学習する人

（学習者）は，成果の高い人の実践知はどんなものだろう？と考え，その人に話を聞いたり，自分で見て盗んだりすることで，実践知を獲得することができます。これが自分で学んで成長する学習の側面です。教育・育成と学習・成長は裏表になっていることが理解できると思います。

　また，トランジションの際に，それに役立つ実践知を発見・共有・獲得することで，壁を乗り越えるのに役立てることもできるでしょう。実践知はもちろん１つではなく，いろいろなところにあると考えると，引き出しを多く持つこともできます。実践知とそれを持つ人々を学習資源としてとらえ，状況を好転させることができるでしょう。

　そして仕事だけでなく，サークルを楽しくする運営方法，バイトを効率よくこなしていくためのスキル，各種団体でプロジェクトを前に進めるためのこつ，部活でチームをまとめつつ勝っていくための考え方，といった実践知に意識を向けることで，問題を解決し壁を乗り越えることもできるのです。金井・楠見（2012）のいいたいことは，実践知はどんな分野，どんな仕事にもあるということです。身の回りで探してみてください。

三毛猫株式会社の例：スコティッシュフォールドの「トワ」の実践知の発見／共有

トワの仕事とキャリア	・ねこ音楽事業部に所属。ねこアーティストマネジメントを担当 ・学生時代，ギターの弾き語りでアーティスト活動をしていた
実践知の発見	・弾き語りで重要なのは，通りすがりのお客さんの足をどう止めるか ・できる限り文字情報でまとめたチラシやボードを置いておく ・曲前・曲間でお客さんに話しかけ，興味を引きつける ・SNSの宣伝はマスト，スケジュールがわかれば常連も来てくれる ・とにかくいっぱい練習する
実践知の共有	・担当アーティストは売れる曲を作ろうとマーケティングばかりしていたが，ライブでのパフォーマンスと両立すべきと伝える ・売れる曲を作るのも大事だけど，作った曲をしっかり届けることで，それは売れる曲になる ・MCがぐだぐだすぎるので，もっと事前に考えて話すようにする

出典：筆者作成。

6 「自分で育つ方法」を見つけよう

　しかし本書でも「このようにすれば人材育成はOK」という絶対的な正解は持ち合わせていません。人材育成の方法は本当に多岐にわたり，人それぞれに適した方法があるのです。

　自分なりの成長する方法を考える上で必要なのは「レパートリー」の考え方です（Wenger, 1998）。こんな方法もある，あんな方法もあるけど，自分にあっているのはこれだという形で，レパートリーをたくさん持って，1つずつ検討したり試したりするということです。自分のタイプ，相手のタイプ，職場のタイプ，仕事のタイプなどの要因がそこで必要な人材育成の方法を決めていくと考えると，レパートリーはたくさん持っている方がいいですよね。本書はそんなレパートリーを作れるような内容を1つ1つ見ていきますので，将来に備えて持っていてください。

7 おわりに：本書の方針と基本的な用語

　あくまで本書の考え方ですが，組織における学習理論は，「個人レベル」のものと「組織レベル」のもの，そして「共同体レベル」のものと分野が分かれているといえます。本書では最初に教育訓練の話をして，そこから個人レベル，組織レベルへと話を広げ，最後に学習の共同体について学びます。順番に見ていきましょう。

　最後に，本書でよく使う用語について整理します。本書では「学習」と「熟達」という言葉がよく出てきます。学習は「経験による行動の比較的永続的な変容」で，熟達とは「経験による高次のスキルや知識の獲得」であるとされます（佐伯・渡部，2010）。学習の方がより広義の概念ですが，意味の重なりあう部分も多いです。本書では学習により発達的な意味あいを含めた概念として熟達を用い

ていますが，あまり気にしないでください。

　「人材開発」は企業において人材を育てること，という大まかな定義でとらえてください。人材育成も同義とします。次章に出てくる「教育訓練」は，企業が人的資源管理活動の枠組みの中で行う人材開発，と考えてもらえればと思います。

本章のまとめ

- 人材育成は，「企業戦略・事業戦略に関連した長期的な未来に向けて，必要なスキルを特定し，従業員の学習を積極的に管理すること」で，発達・成長（development）は「個人の現在と未来の有効性を高めるプロセス」です。
- 人材開発論は，「どのようにして人を育てるか」だけではなく，みなさんが「企業の中で成長する方法」のヒントになる内容です。
- 人材育成の方法に絶対的な正解はありません。１つだけではなくたくさんの「レパートリー」を持つことが大事です。

考えてみよう

- 今日の講義を聴いて，みなさんにどう役立ちそうか，今みなさんの抱えているどういう問題の解決に役立つかもしれないか，考えてみてください。

📖 おすすめ本

中原淳（編著）（2006）『企業内人材育成入門：人を育てる心理・教育学の基本理論を学ぶ』ダイヤモンド社。

第2章

教育訓練

本章のねらい

　本章では，企業においてどのように人を育てるのか，教育訓練の考え方について見ていきます。そんなの学校と同じじゃない？と思っていてはいけません。基本的に企業の教育訓練は，従業員が自身で学ぶのをサポートすることなのです。本章を学ぶことで，企業の教育訓練がどのようなもので，どうやって技能や知識を身につけていくかが理解できます。

ショートコント

ユウタ：先生，OJTってなんでOJTなんですか？

マツモト：なんで？　どういうこと？

ユウタ：こういうのってだいたい日本語が当てられません？　あんまりアルファベット3文字ってないかなって。

マツモト：確かに，経営学ではPPM（product portfolio management）とかはあるけど，思ったほどはないかもな。

ユウタ：あと「OJTでやったらいいやん」とか「OJTしとこう」みたいに使うのって珍しいですよ。

マツモト：でも「職場内訓練」やからな。ちょっと長いし，いいたいことは「仕事やりながら覚えていって」ってことやから，OJTくらいふわっとした方がいいんかもな。

ユウタ：でもなんも知らん新人が「OJTでやって」とかいわれたら，違うこと考えたりしませんかね？

マツモト：あるかもな。「OJT…？　なんやそれ」ってなったら，意味を考えるやろうな。

ユウタ：OJT…「オマエが上手に対処して」とか？

マツモト：なるほどな。「大きく，順番に，的確に」とかかな？

ユウタ：注文多いですね。「男気じゃんけんで担当決めて」とかはどうですかね？

マツモト：決め方が雑やな。あ！　ひょっとして，「オレはジャイアンガキ 大将」なんちゃう？

ユウタ：なんで大将で切るんですか。切り方がおかしい。「おいおい冗談止まらない」ですね。

マツモト：確かにいい加減止めた方がよさそうやな。

ユウタ：いいオチのつけ方できましたね。

1 はじめに

本章ではこの本のスタートラインとして，企業における教育訓練の考え方について見ていきます。本来はこの章は，人的資源管理理論を扱う姉妹本『ベーシックテキスト 人材マネジメント論Lite』（松本，2023）に含まれるべき内容です。企業にとって人材育成は，人的資源管理活動の中でも重要なものです（佐藤ほか，2015）。だからこそ本書でそのテーマに絞って勉強するわけですが，企業における人材育成の概要を見た上で，次章以降はそこに役立つ理論を見ていくという流れになっています。

2 企業における教育訓練

企業は人で成り立っています。AI（人工知能）技術の発展がいかに進んでも，まだまだ人がいない企業は考えられません。だからこそ人材の教育はとても重要なのです。

企業における教育訓練において，事前におさえておくべきポイントが3つあります。第1に，企業の教育訓練は，あくまで企業が必要とする人材を養成するために行われる活動ということです（今野，2008）。その背景には経営上のニーズが必ずあると考えられます。第2に企業の教育訓練は，あくまで従業員の「自学」のプロセスのサポートであるということです（伊丹・加護野，2003）。学校のときのように受け身でいるのではなく，自分の必要とする能力はどんなもので，どうしたら身につくのか，自分で考えて実践する必要があります。そのプロセスをサポートするのが企業の教育訓練であると考えてください。そして第3に，評価と教育訓練は車の両輪であるということです（佐藤ほか，2015）。企業は従業員の仕事ぶりを評価し，それに基づいて給与などの処遇を行うわけですが，そこで

うまく結果が出せずに評価が低かった場合，どうしたら結果を出すことができるのかについて，企業や上司は従業員に適切な指導を行う必要があります。そしてその指導の1つとして，教育訓練の機会を与えることが求められます。特に新人は，評価が低かった場合，どうしたら高めることができるのかわからないことがあるでしょう。それを放置した場合，新人は低い評価に甘んじ，それに連動した処遇も受けられないということになります。それを新人の自己責任とするのは大変酷ですし，それで新人が不満を抱いて離職すると，企業にとっても損失になります。評価と教育訓練はその意味で車の両輪であるべきなのです。

3 教育訓練の意義

　守島・島貫（2023）は，教育訓練の意義について3点にまとめています。第1に，仕事に必要な能力と，従業員のその時点での能力のギャップを埋めることです。それによって仕事を進め，企業の戦略実行に資することができるようになります。それは従業員にとってもエンプロイアビリティ（雇用可能性）を高めることにつながります。第2に，企業の競争力を高めることです。人材育成によって生産性が向上したり，企業独自の価値を創出したりすることが可能になり，結果として企業の競争優位の確立につながります。第3に，従業員のモティベーションを高めることです。従業員の成長したいという欲求（Pink, 2009）を充足することになりますし，成長によって収入が増加することにもつながります。

4 組織人としての能力

　それでは教育訓練の内容に入っていきたいと思います。まずは従業員にはどのような能力が求められるのかということです。企業に

おいて従業員は組織の一員であるので，それを考慮すると，一般的に以下のような能力が必要になると考えられます（今野，2008）。

(1) 企業，部門の方針を理解し，自分が行うべき課題を設定できる「課題設定能力」
(2) その目的を達成するための「職務遂行能力」
(3) 他の人と協力して目的を達成するための「対人能力」
(4) 目的を達成する際に起こる問題を解決するための「問題解決能力」

　どの能力を重視するかは組織によって異なりますが，おおむねこの4つのカテゴリーに分けられるといえるでしょう。加えて経営・人事戦略からのニーズも影響します。このニーズへの対応は，採用活動とともに教育訓練で能力を開発することで対応していきます。
　長期雇用を志向する日本企業では，高度な業務を継続してこなしていける能力を開発し，それを通して長期にわたって従業員を有効活用することが不可欠です。企業に貢献できるような高い能力は，すぐには身につかないでしょう。また，キャリアの段階ごとに必要なスキルは変わっていきます。部下がいない社員にとっては部下の管理は必要ありませんが，管理職になると必要になります。そこで「キャリア開発プログラム（CDP）」において，キャリアパスや仕事の難易度，内容などから，会社でのキャリアの段階ごとに適切な教育訓練の機会を提供することがなされているのです（岩出ほか，2020）。特に中高年に対して継続的に教育訓練を行う必要性は高まってきています（佐藤ほか，2015）。

5 社会人基礎力

　組織の求める能力を示すもう1つの指針に，特に若手社員にとっ

て有効な「社会人基礎力」があります（**図表2-1**）。これは経済産業省の提案する「職場や地域社会で多様な人々と仕事をしていくために必要な基礎的な力」であり，3つの能力カテゴリーに含まれる12の能力要素で構成されています。社会人になる前の人は大いに参考にするといいでしょう。

6 教育訓練制度の基本構成

　組織で必要とされる能力について見てきたところで，これからは具体的に教育訓練では「誰を対象に」「何を」「どのような方法で」教えるのか，という観点から教育訓練について見ていこうと思います。

（1）教育訓練の対象者

　まずは「誰を対象に」というところです。もちろん対象は従業員なんですが，こと研修については，組織を横割りにした階層を対象にする階層別研修と，縦割りにした各専門分野の従業員を対象とする専門別研修に分かれます。階層別研修はキャリアのその時点で必

図表2-1　社会人基礎力

経済産業省が主催した有識者会議により、**職場や地域社会で多様な人々と仕事をしていくために必要な基礎的な力**を「**社会人基礎力（＝3つの能力・12の能力要素）**」として定義。

前に踏み出す力　（アクション）
～一歩前に踏み出し、失敗しても粘り強く取り組む力～

主体性	物事に進んで取り組む力
働きかけ力	他人に働きかけ巻き込む力
実行力	目的を設定し確実に行動する力

考え抜く力　（シンキング）
～疑問を持ち、考え抜く力～

課題発見力	現状を分析し目的や課題を明らかにする力
計画力	課題の解決に向けたプロセスを明らかにし準備する力
創造力	新しい価値を生み出す力

チームで働く力（チームワーク）
～多様な人々とともに、目標に向けて協力する力～

発信力	自分の意見をわかりやすく伝える力
傾聴力	相手の意見を丁寧に聴く力
柔軟性	意見の違いや立場の違いを理解する力
情況把握力	自分と周囲の人々や物事との関係性を理解する力
規律性	社会のルールや人との約束を守る力
ストレスコントロール力	ストレスの発生源に対応する力

出典：経済産業省（https://www.meti.go.jp/policy/kisoryoku/）。

要な知識やスキルを伝達することで，管理職研修がその代表です。専門別研修では部署ごとの専門知識を伝達するのがその目的になります。

(2) 教育訓練の内容

　次に教育訓練の内容です。今野（2008）に従って先に示した組織で求められる4つの能力について，それぞれの教育で身につけてもらうことになります。最初は知識の教育です。商品や技術にかんする専門的な情報，仕事の手続きなどがその対象です。次に技能の教育です。知識を活用して仕事にいかす技能（テクニカル・スキル）の教育です。次に態度の教育です。職場の同僚と協力する姿勢や仕事に積極的に取り組む対人能力を身につけるための教育です。最後に課題設定，問題解決の教育です。これは課題設定能力，問題解決能力を養成することになります。

(3) 教育訓練の方法

　そして「どのような方法で」教えるのか，というところを見てい

三毛猫株式会社の例：アビシニアンの「チハル」の受けた研修

階層別研修	専門別研修
新ねこ研修。新入社員ねこに対する一括研修。三毛猫株式会社の社史や創業の理念を学んだ。創業者の偉業にびっくり。	営業スキル研修。最初に配属された営業部において，ねこ用商品販売に携わるための基本的なスキルを学んだ。
3年目研修。3年目の節目にキャリアを考える重要性を学び，同期ねことの交流機会を得た。久しぶりに会う同期ねこに刺激。	商品知識の研修。ねこ用住居販売の部署に異動し，ねこ用住居について基礎的な知識を学んだ。最近のねこ用住居は進んでいる。
係長研修。初めて部下ねこを持つにあたり，リーダーシップの重要性を学んだ。リーダーシップは何回か学んだが，上司としてのリーダーシップには新しい学びがあった。	マーケティング研修。ねこ用食品の部署に異動し，新商品開発を担当。改めてマーケティングの知識を学んだ。大学で学んでいた知識が現場で使われていることに感動。

出典：筆者作成。

きます。教育訓練の方法については，現在主要な方法として，OJTとOff-JT，自己啓発の3つの方法があります（上林，2016）。

・OJT（on-the-job training：職場内訓練）…上司や先輩の指導のもとで，職場で働きながら学ぶ
・Off-JT（off-the-job training）…教室などで座学で学ぶ
・自己啓発…本を読む，通信教育を受けるなどの方法で自分で勉強する

　簡単にいえば，人の育成には「やりながら学ぶ」「教室で学ぶ」「自分で学ぶ」の3つのやり方があるということです。

7 OJTと自己啓発

　より詳しく見ていくと，3つの方法において特に大事なのがOJTです。しかしうまく進めなければ，ただ放置されているだけになってしまいます。それを防ぐためにも，OJTのメリット・デメリットをよく把握する必要があります（奥林ほか，2010）。OJTは「職場で仕事を行う過程で，上司が，部下の育成必要点を見いだし，それに対するいっさいの指導・援助活動を行うこと」と定義されます（寺澤，2005）。

　まずOJTのメリットですが，第1に，仕事を通じての教育訓練なので，時間的にもコスト的にも効率的であるということです。たとえばある企業で実際に仕事で使う能力，ここでは営業のスキルを，学校で学ぶことを考えてみましょう。そのために企業は学校を作って先生を雇って，一定期間学校で教え込みます。しかしその知識だけでは，実際の現場に出ても100％仕事ができるとは限らないでしょう。営業は相手あっての仕事だからです。販売するものも決めて，そのやり方を様々な教育方法で教え込んだとしても，現場で実践し

て学ぶ（learning by doing）ことをなくすことはできないでしょう。OJTでは一定レベルの事前研修を施した後は現場に出てやりながら学んでいきます。この方が時間的にもコスト的にも効率的ですよね。また営業の学校で教え込んだ知識やスキルで，教わったけど使わなかったということもあるかもしれません。OJTは現場で使う知識やスキルを現場で実践しながら学んでいきます。この意味でも効率的だということです。

　第2に，文書などで客観的に表現できない技能や知識を伝達できるということです。営業先の雰囲気や担当者との関係作りなどは，いくら文章で表現しても伝わらないでしょう。それなら実際に営業先に行って体感した方が早いですよね。また企業や職場の文化，価値観，習慣といったものも，経験しながら学ぶ方がいいです。第10章で学ぶように，言葉で表現できない知識や技能（暗黙知）は，体で覚えることも有効なのです。

　3つめに，現在の仕事に直接役立つ実践的な知識や能力を習得できるので，教える側も助かるということです。OJTでは学習者だけでなく，それを指導する上司や先輩の役割が重要ですが，彼らの仕事の一部，あるいはその職場の仕事の一部を教えることで，その仕事を担当してもらって，彼らの負担を減らすことができます。それは，上司や先輩がOJTを支援する動機づけになるでしょう。

　4つめに，学習者一人一人に対して行われるので，能力・適性や仕事の必要に応じた個別教育ができるということです。一括で教育するのではなく，それぞれの任せた仕事に対する指導ということなので，自然と個別教育になるということです。

　このようなメリットがあるOJTですが，やはりデメリットも存在します。第1に，上司の能力や熱心さによって，効果が大きく左右されてしまうということです。彼らを動機づける施策をいかに講じても，やはり動機づけの差，そして教える能力の差は出てきてしまいます。それに加えて第2に，業務が忙しくなると上司に教育する

余裕がなくなってしまうということです。適切な指導がなければ，学習者は手探りで学んでいくしかありません。上司については認識作り，制度化，他の方法との連携などで対応する必要があるでしょう。

　Off-JTのメリット・デメリットは，座学で学ぶことを考えると，学校教育のそれらとある程度符合するかもしれません。メリットは必要な知識を一括で教えられる効率性，知識を体系的に，必要な区分の人たち（階層別・専門別）に教えることができるなどです。デメリットは現場での実践性があまりないこと，定着性が低いこと，言葉で伝えられない知識は教えられないことなどがあるでしょう。OJTとOff-JTは車の両輪と考えて，OJTをサポートするOff-JT，Off-JTで学んだことを現場のOJTで定着させるといった発想が必要です。

　自己啓発のメリット・デメリットは，基本的に学習者の自発性に依存していることに由来するでしょう。学習者の関心のあることは自分で学びを進められるので効率的ですが，関心のないことは学びを進められないということです。自発性に由来しているので，学んでくれといっても限界があるでしょう。そこで自己啓発の推進体制として認識を高めることに加え，企業が福利厚生施策として資金的・時間的な援助措置をとることもあります。

8 職業教育と企業内教育

　日本は伝統的に，職業教育は企業内で行うものという考え方が強いです。ここから会社の費用で教育するには，教育した従業員が長期に勤続し，企業が教育訓練のために投資した費用＝「見えざる出資」を回収できることが条件になるのです（伊丹・加護野，2003参照）。入社して最初の頃は，投入するコストよりも生産性は低いのですが，やがて生産性が上回り，そのコストを回収できるのです。

しかし早々に離職されると，そのコストが回収できないのです（**図表2-2**）。

　現在は転職市場も活性化していますが，そうでなかった時代に，企業内教育と転職を関連づけた考察がなされました。なぜ獲得した能力を武器に，従業員は転職を考えないのか？というと，従業員の能力には，その企業だけで通じる能力（企業特殊能力）と，どの会社でも使える能力（一般能力）があるということです。そして転職には一般能力しか使えないから，それにみあった賃金しか支払われない，だから従業員は転職をためらうという論理です。そして企業特殊能力はその企業で価値を生み出すにはとても有効で，その形成に効率的なのがOJTであるとされてきました。しかし現在は語学力やITスキル，AI技術といった一般能力に加え，企業特殊能力を用いた仕事で結果を出したことで，転職先に評価されるといった，転職市場の活性化に伴う現象も出てきているといっていいでしょう。

図表2-2　見えざる出資のメカニズム

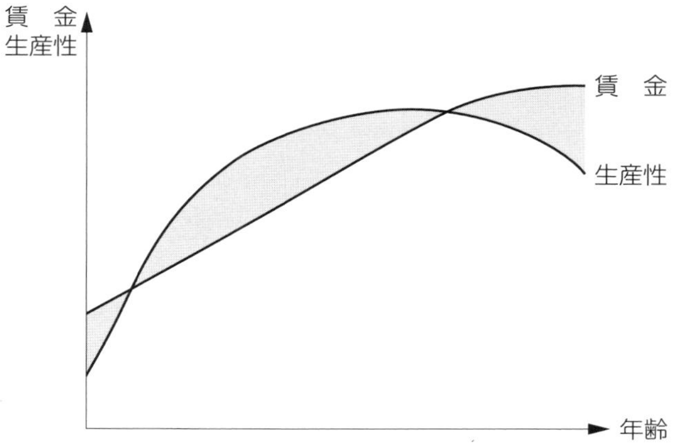

出典：伊丹・加護野（2003）を参考に，筆者作成。

⑨ おわりに：企業での人材育成を より効果的にするには

　ここまで企業の教育訓練について見てきましたが，OJT頼みの教育訓練には限界があり，計画的なOJTや自己選択可能なOff-JTといった施策の必要性も提唱されています（奥林ほか，2010）。しかしそれよりも大まかにいえば企業の教育訓練は，やりながら学ぶOJT，教室で学ぶ研修＝Off-JT，自分で学ぶ自己啓発の３つのやり方があるということになります。ちょっと大まかすぎますよね？もちろん実際には企業の教育訓練の方法は進化しているのですが，OJTは組織的なバックアップ体制があって初めて効果的になるように，いずれにしても今後重要なのは「仕事の中で学ぶ力」，教えられる前に自分で学ぶ力ということになるのではないでしょうか。それが身について初めて，OJT，Off-JT，自己啓発も効果的になるでしょう。その技術を身につけること，そしてその学び方を学ぶこと（learning to learn）が，本来大学で学ぶとても重要なことのはずだと考えています。

　そして前の章でも述べたように，今このような「仕事の中で学ぶ力」にかんする研究は，以前よりも飛躍的に進んでいます。もちろんそれは企業の教育訓練においてもいかされています。本書ではこれ以降，そのような理論について見ていきます。

　本章の最後に，企業の教育訓練をより効果的にすることについて，少し指針を出しておきたいと思います。

　まずは職場における「実践知（仕事をうまく進める知識やスキル）」を見つけ出して獲得・共有・伝承することです（金井・楠見，2012）。どんな仕事にも実践知はあるのです。実践知を明らかにすることで，職場内の教育・学習も効果的になるでしょう。

　次に仕事における熟達段階の把握です。コンピテンシー評価のように明確になっている場合もあるのですが，自分の仕事で「これが

できれば一人前」「熟達している人はこれができる」を知ることが，明確な目標を持つことにつながるでしょう。この点は次章で説明します。

　第3に職場の「学習資源」を活用することです。学習資源は自分の学習に役立てることのできるもので，身の回りに存在しています。たとえば周囲の先輩や同僚・後輩，取引先，過去の文書などなどで，自分の仕事に使えるものはとことん使うことで，学習を効果的に行うことができます。この点は第12章で説明します。

　最後にフィードバックを組織全体で行ってもらうことです。自分の仕事がうまくできているかどうか，足りないところはどこなのかを教えてもらう径路をたくさん確保することです。この点は第4章他で説明します。

　教育訓練といいますが，実際はみなさん自身の自学のプロセスであることが理解できたと思います。有意義な社会人生活のためにも，企業でどのような教育が行われているのか，その中で自分をどのように成長させていけばいいのか，考えていきましょう。

▼ トランジションのための教育訓練

　OJT・Off-JT・自己啓発の3つの教育訓練の方法について考えてみましょう。OJTは仕事をやりながら学ぶという方法ですが，すでに見たように重要なのはフィードバックです。上司の指導があって初めて効果的になるOJTをうまく活用しましょう。必要な支援については第4章で詳しく説明します。Off-JTでは特に，自分の好きなプログラムを選ぶ制度があれば活用したいですね。そこに壁を乗り越えるヒントがあるかもしれません。そして自己啓発ですが，自分で本を読んで勉強するのはもちろん，必要な事項，関心のあるトピックについて勉強会に参加することをおすすめしたいです。そのつながりがトランジションの原動力になるかもしれません。

本章のまとめ

・企業の教育訓練は，あくまで企業が必要とする人材を養成するために行われる活動であり，従業員の「自学」のプロセスのサポートです。評価と教育訓練は車の両輪でもあります。

・教育訓練の方法については，主要な方法として，OJTとOff-JT，自己啓発の3つの方法があります。そのうち中心になるのはOJTです。

考えてみよう

・みなさんは企業のどんな環境で成長したいと考えますか。

 おすすめ本

上林憲雄（編著）（2016）『人的資源管理』中央経済社。

第 **3** 章

経験学習論

本章のねらい

　本章では「経験から学ぶ」ことについて見ていきます。人は経験から学ぶ，このことに異論を挟む人はいないと思います。私たちはこれまでいろんな経験をし，そこから学んできました。しかし経験することと学習することは同じではないですし，同じ経験をしても学習できる人とできない人がいるのも確かではないでしょうか。本章を学ぶことで，経験からどのようにして上手に学ぶかを理解することができるでしょう。

ショートコント

ナオヤ：先生いいっすね，一皮むけた経験。オレも一皮むけたいっすわ。

マツモト：いいことやな。一皮むける経験がどういうものかわかれば，しんどいときにもそのためにがんばることもできるかもしれへん。人によって違うし，あとでわかることかもしれんけど，一皮むける経験について知っておくのは大事やな。

ナオヤ：ところで一皮むけるってなんなんすか？　バナナ？

マツモト：知らずに話しとったんか。脱皮や脱皮。へびとかとかげとかは，古いいらなくなった外皮を脱いで，成長していくねん。見たことない？

ナオヤ：ないっすね脱皮。オレらもできるんすか？

マツモト：したことないやろ脱皮。僕らの外皮は徐々に入れ替わるんや。せいぜい日焼けしたときに皮がむけるくらいやな。

ナオヤ：あれもまあいうたら脱皮か。じゃあ人は日焼けサロンに通って成長するってことすか？

マツモト：日サロな。僕全然日焼けに縁がない人生送ってきてて，日サロの意味がわからんかってん。行ったことある？

ナオヤ：日サロっすか？　ないっすね。どこにあるんすか？

マツモト：わからへん。ともかく日サロに通って成長するなら，日常的にみんな日サロに通ってて，僕らでも日サロの場所くらいわかってるやろ。それどころか大学も学生を成長させるために，日サロ運営してるはずやで。学内日サロ。

ナオヤ：確かに…。一皮むけるって大変なんすね。日サロみたいなうまい話ないわ。

マツモト：あと僕ここで，もう一生ぶんくらい日サロっていうてるわ。日サロ。

1 はじめに

本章では「経験から学ぶ」ことについて見ていきます。みなさんもこれまでの人生の中でたくさんの経験をしてきて，またそこからいろいろな学びを得てきたと思います。経験から学ぶのは人間として自然に備わった能力であり，そこに理論なんかあるの？と考える人もいるかもしれませんね。しかし経験から「うまく」学んで成長するための理論，経験学習論を学んで，そんな基本的なところから，1つ1つ確認するようにしていきたいものです。

2 熟達の4段階

人は経験から学ぶことに異存がある人はいないと思いますが，同じことを経験しても成長する人としない人がいますよね。本章ではそれを経験から学ぶ力の違いにあると考えます。

人の熟達については，熟達のステージモデルというのが考えられ

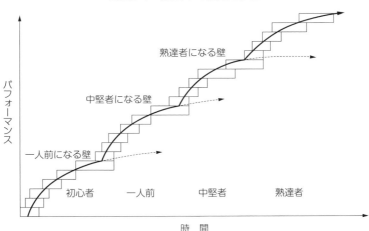

図表3-1 熟達の4段階モデル

注：長方形は熟慮された練習などの質の高い経験によってある段階のスキルや知識が獲得されることを示す。
出典：金井・楠見（2012）を参考に，筆者作成。

てきました。ここでは金井・楠見（2012）の「初心者」「一人前」「中堅者」「熟達者」という4段階によるステージモデルをご紹介します。**図表3-1**を見てわかると思いますが，熟達は一直線に進むのではなく，それぞれの段階ごとに壁があって，それを乗り越えることで次の段階にいけるのです。当たり前のように次の段階にいけるわけではないんですね。そして「中堅者」になれるのは全体の30%，最後の「熟達者」になれるのは全体の10%程度なんだそうです。特に30代以降は成長が止まりがちで，キャリアの行き詰まり，「キャリア・プラトー」に陥る人も少なくないのです。だからこそ自分の経験から学んでいくことが大事なんですね。

3 経験学習の基本：実践と内省のサイクル

　経験から学習することの基本は，「経験することと，それを振り返ること」という，実践と内省のサイクルを回すことであるといえます。Dewey（1916）が大昔にいっているように，「なんらかの思考の要素がなければ，意味を持つ経験は可能ではない」のです。実践とその結果を結びつける思考があればこそ，その経験は「内省的経験」になるとDewey（1916）はいっています。経験学習ですから，経験することが大事なのはいうまでもないですが，経験しっぱなしでは学習することは少ないのです。「実践」といっても，とりあえずやってみるレベルから，これまでの経験を踏まえて，計画と仮説を立て，それに基づいてやってみるレベルまでいろいろあります。そして「内省（省察）」は，実践の結果について振り返ることで，その場でちょっと振り返るレベルから，腰を据えてじっくり振り返るレベルまでいろいろあります。経験学習には，どのように実践し，どのように内省するか？何のためにやるか？が重要なのです。

4 経験学習の経験：人を成長させる経験の70:20:10の法則

　経験とは「人間と外部環境の相互作用」のことであるといえますが，その経験にも種類があります。それをアメリカのロミンガー社が比率としてまとめたのが「70:20:10の法則」（ロミンガーの法則）です。まずは「直接経験」，つまり自分で直接的に関わった経験です。経験学習に一番使える70％の経験ですが，他方で誰にでも時間は平等なので，直接自分が関われる経験は限られていますよね。そこでもう１つ，「代理経験」があります。これは他人が経験しているのを観察したり，話やアドバイスを聞いたりすることで，「代理学習」を行うもとになる20％の経験です。自分で経験していないのでその効果は限定的ですが，たとえば他人が叱られているのを見て「気をつけよう…」と思うような学習では，自分が叱られることを防げるので有効ですよね。また他人の話はエピソードだけでなく解釈や教訓も聞けるため，かえって効果的であることもあります。そして次に「読書」です。読書は「他者に依存しない間接経験」であるといえます。他人に話を聞くのは時間的に制約がありますが，読書はいつでもどこでも自分の好きなときにできます。また宇宙飛行士の話など，自分で容易に経験できない情報を読書で知ることは，読書でしかできない経験を提供する10％の経験であるといえるでしょう。

5 経験の質

　次に経験の質にかんして考えてみましょう。どんな経験からも学習はできますが，特に学びの多い経験とはどんなものなのでしょうか。それを考えているのがリーダーシップ研究です。リーダーシップを学ぶのに有効な経験を考察しているのです。

たとえばMcCall（1998）は，リーダーを育成する手法を研究する中で，「困難な経験が人材開発の原動力となる」ということを提唱しています。しかしすべての困難が育成につながるわけではありません。McCall（1998）は，重要なことは「成長を促す経験」と「多くの挫折を引き起こす危険な状況」とが存在することとしています。まず「成長を促す経験」とは，企業の事業戦略や価値観と密接に結びついた経験だといいます。そして「多くの挫折を引き起こす危険な状況」については，そのリーダーの上司や先輩が，企業の事業戦略やビジョンを明確化した上で，リーダー育成には難しい状況を乗り越えることが成長につながることを明らかにすることが重要です。そうでないととにかく苦労させるみたいな，学ぶ側にとってはたまったものではないやり方になりますよね。その上でリーダーが成長経験をしている過程をトップや上司など周囲が支援することだといいます。ただ挫折させるだけではなく，学ぶための苦労はさせるが，トップや上司がしっかり見守ることが大切ということですね。

　また金井（2002）は，成長につながった「一皮むけた経験」を調査しています。そこで明らかになったのは，のちに経営幹部となった人材は，まず新規事業や新市場の開発など，ゼロからの立ち上げ事業に携わった経験が多いということです。ある特定の仕事だけではなく，ビジネス全体に触れる機会があるのです。また経営幹部となった人材は，最初から企業内でも花形の部署にいたわけではない，ということもわかりました。いわゆる「傍流経験」です。そしてあまり人から注目されない部署にいて，試行錯誤しながら成果を上げたからこそ大きく成長したということがあるようです。社会人になってこのような「傍流経験」をするようなら，その期間の過ごし方が大事ということですね。

6 経験学習の理論

　ここからは，経験学習論にとって代表的な2つの理論，Kolb（2015）と松尾（2011）について見ていきます。両方とも循環モデルになっているのが特徴ですが，経験からどのように学ぶのかを考える上で重要です。

（1）Kolb（2015）の経験学習論

　Kolb（2015）は，学習を知識の習得とその応用とは見なしていなくて，学習とは知識を受動的に覚えることではなく，自らの経験から抽象的な思考を通じ，独自の知見や解釈を導き出すことであるとして，経験学習モデルを提唱しました。その内容は，具体的経験→内省的検討→抽象的思考→積極的行動→経験…という循環モデルになっています。**図表3-2**の通りです。基本的にKolb（2015）のモデルは外側のサイクルモデルとして知られていますが，実は中の4方向の矢印も重要なのです。

　Kolb（2015）の説明は超難しいので（松本，2015参照），ここで

図表3-2　Kolbの経験学習モデル

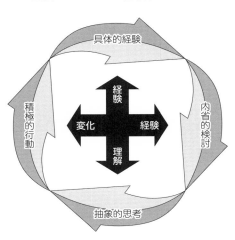

出典：Peterson & Kolb（2017）を参考に，筆者作成。

はPeterson & Kolb（2017）に基づいて説明すると（**図表3-2**），まずサイクルモデルとしては，具体的経験をした上で，その経験について内省し検討します。その上でより一般性の高い概念化を行って，そこから得られた知見や解釈を積極的行動によって検証していく，そしてまた具体的経験…という流れです。加えて，4方向の矢印のうちタテの矢印は「世界を理解する」方法を表していて，具体的経験は直接経験によって，抽象的思考は考え抜いて概念化することで理解するということです。横の矢印は「学びから考えや行動を変容する」方法を表していて，内省的検討は経験を振り返ることで，積極的行動は実験的に試してみることで，学びを生み出し変容させます。実はKolb（2015）のサイクルモデルは，プロペラのように2つの部品が組み合わされてできているんですね。効果的な学びのためには2つの方向で作られる4つのステップすべてを使う必要があるとしています。その中でも，ただ振り返るだけではなく，そこから自分なりの知見や解釈という形で，知識を生み出すことが重要だ

三毛猫株式会社の例：ヒマラヤンの「タイヨー」の経験学習

フェーズ	ヒマラヤンのタイヨーの例
具体的経験	タイヨーはヘルシーフード事業部で，ねこのダイエット食の新規事業に携わる。高い栄養価とカロリーオフの両立に苦心するが，低カロリー食材を導入することで問題を解決，新商品発売にこぎ着けた。
内省的検討	タイヨーは経験を内省し，低カロリー食材の導入における社内調整に奔走した経験を抽出。前例のない食材の使用に上司は難色を示したが，説得に成功したことを考えた。
抽象的思考	上司の考えを変えたのは，ライバル会社より先に商品化することのメリットを説明したから。ここからタイヨーは「社内調整にはライバル会社のやっていないことだと説明することの重要性」を学んだ。
積極的行動	それからタイヨーは商品提案には，ライバルがやっていないか，やっても結果が出ていないことを探し，それをヒントに考えるようになった。今後はねこ用健康食品の企画にチャレンジする。

出典：筆者作成。

ということです。振り返るだけで満足せずに，「この経験から学んだことは…」という感じで，学んだことを言語化することがこつになります。

Kolb（2015）は経験学習論の理論的基盤として，現在でも用いられています。シンプルな循環モデルを，経験学習とキャリア発達とを結びつけたモデルに昇華させ，第7章で学ぶ成人学習の分野にも用いられる学習論になっているのです。

(2) 松尾（2011）の経験学習モデル

松尾（2011）では，Kolb（2015）の理論をベースにして，独自の経験学習モデルを提唱しています。そこでは経験学習に必要な3つの力があるとしています。それがストレッチ→リフレクション→エンジョイメント→ストレッチ…の循環モデルになっています。そしてそれぞれに対して，具体的な方略（どんな行動をすればいいの

図表3-3　松尾（2011）の経験学習モデル

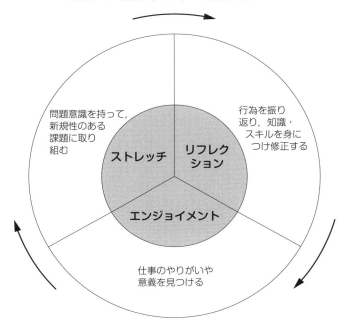

出典：松尾（2011）を参考に，筆者作成。

か）を考えているので，すぐに実践できますね。

　まずは「ストレッチ」とは，問題意識を持って，挑戦的で新規性のある課題に取り組む姿勢のことです。できることばかりに取り組んでいると，新しい知識やスキルが身につかないのです。そして方略として，挑戦するための土台を作る，周囲の信頼を得てストレッチ経験を呼び込む，できることをてこにして挑戦を広げる，のような行動があげられています。

　次に「リフレクション」，いわゆる内省ですが，行為の後に内省するだけでなく，行為の中で内省することも含んでいます。行為を振り返り，新しい知識・スキルを身につけ修正するのです。具体的な方略として，他者にフィードバックを求める，批判にオープンになり未来につなげる，といったものがあげられています。

　最後に「エンジョイメント」です。これは自分の取り組む仕事にやりがいや意義を見つけることで，常にプラス思考で，一見つまらなさそうな仕事の中にも意義やおもしろさを見出そうとする姿勢です。具体的な方略として，集中し，おもしろさの兆候を見逃さない，仕事の背景を考え，意味を見出す，達観して，後から来る喜びを待つ，ということがあります。このモデルの特徴は各要素が互いにつながりあって循環することです。

　それに加えて松尾（2011）は，経験学習サイクルを駆動させるのが「思い」と「つながり」であるとしています。思いは仕事への信念のことで，自分への思いと他者への思いがあります。自分への思いは，自分の目標を達成したい，周りの人から認められたい，プロとしての力を身につけたいという信念であり，他者への思いは，仕事上の相手に喜んでもらいたい，相手と信頼関係を築きたい，社会の役に立ちたいという信念です。対してつながりは，発達的ネットワーク，すなわち個人の成長に影響を与える人との関係です（Higgins & Kram, 2001参照）。方略として，職場外から率直な意見を聞く，人を選び誠実につきあう，自ら発信し相手を受容する，と

いうことがあります。

　松尾（2011）の経験学習モデルはとても実践的ですし，理解しやすいだけでなく具体的な方略まで明らかにしています。特に「エンジョイメント」は社会人になってみないとわからない部分もあるでしょう。

7 おわりに

　本章では，経験学習論について見てきました。人は経験から学ぶ，ということについて，しっかり考え抜かれた諸研究を参考に，みなさんもいい経験をして，そこからいい学びが得られるようがんばってくださいね。

▼ **トランジションのための経験学習論**

　トランジションに際しては，これまでの重要な経験について抽出し，省察することが求められます。Bridges（1980）では，トランジションは「何かが終わる時期」→「混乱や苦悩の時期」→「新しい始まりの時期」の３つで構成され，真ん中のニュートラル・ゾーン（中立圏）は日々の生活における一連の活動からのモラトリアム（猶予期間）であり，始まりに向けて力をためたり，考えをまとめたりする時期になるとしています。しんどい時期を乗り越える教訓を引き出せるような経験を見つけて，じっくり考え，得られた知見をいかしてみましょう。

・経験学習は，「経験することと，それを振り返ること」という，実
　践と内省のサイクルを回すことが基本です。
・経験学習の経験には，直接経験の他に，代理経験，読書（による
　経験）もあります。
・Kolb（2015）の経験学習モデルは，具体的経験→内省的検討→抽
　象的思考→積極的行動→具体的経験…という循環モデルになって
　います。
・松尾（2011）の経験学習モデルは，ストレッチ→リフレクション
　→エンジョイメント→ストレッチ…の循環モデルになっています。

考えてみよう

・最近の経験で経験学習をして，教訓を導き出してみてください。

📖 おすすめ本

　松尾睦（2011）『職場が生きる 人が育つ「経験学習」入門』ダイヤモ
　ンド社。

第 **4** 章

心理的安全性と
職場学習論

本章のねらい

　本章では，職場においてどのように成長のための支
援を得ていくか，というトピックを考えます。自分だ
けで成長するのではなく，適切な支援を得ることが大
事です。本章を学ぶことで，組織社会化と心理的安全
性がどのように支援につながるか，また職場学習論に
よってどのような支援が能力向上に役立つかを理解す
ることができます。

ショートコント

ソウタ：先生，心理的安全性って大事ですよね。僕も作れるようになりたいです。

マツモト：そこはお互いがんばっていこうや。

ソウタ：でもどうやったら作れるかとかありますか？

マツモト：本によると（Aaker & Bagdonas, 2020），ユーモアが大事らしいよ。おもしろいことといえばいいねん。関西人やと「すべったらどうしよう」「そんなにおもしろいこといえるかな」みたいな余計な心配すると思うけど。

ソウタ：あ，もうその心配してました笑

マツモト：そうやろ？　でもこの場合はユーモアのあるところを見せればいいだけやから。すべっても大丈夫やねん。

ソウタ：そうですよね。すべってもいいリーダーであればいいんですよね。

マツモト：そういうことや。自己紹介とかで早速やっとこう。

ソウタ：自己紹介か…僕地方出身やからそれはいうようにしてますね。

マツモト：僕もそうやからわかるわ。あとはおもしろい失敗談とかを積極的に話すようにするのは，職場学習論的にも効果的やから実践したらいいよ。本の事例やと（サンドロヴィッチ，2006），「侍」っていう字を「待て」と間違えた，とかな。

ソウタ：それはエモいっすね！　『ラスト・サムライ』が「ラスト待て」とかですか？

マツモト：そうそう，古いけど『桃太郎侍』を「桃太郎待て」と読んだりすんねん。

ソウタ：侍ジャパンも待てジャパンですね。これが心理的安全性っすか？

マツモト：今はただの漢字に弱い人やからな。ここから作っていくんや。

1 はじめに

　本章では，職場における支援をいかに獲得して学ぶかということについて見ていきます。第2章のOJTについてもいえますが，やはり適切なフィードバックを得ることは重要ですよね。また第5，6章でふれるように，自分を適切に指導してくれる，相談に乗ってくれる人の存在も重要です。しかしそのような人はどうやって作ればいいのでしょうか？　企業が割り当ててくれればいいのですが，それだけでは物足りないですよね。そんな人たちをどうやって作るか，どんな支援が得られるのかについて，関連する研究を見ていきます。

2 組織社会化

　組織社会化（organizational socialization）は，新人が組織の一員になっていく過程についての研究です。定義としては，「個人が組織の役割を担うために必要な社会的知識とスキルを獲得するプロセス」（Van Maanen & Schein, 1979）といえます。組織で仕事を始めると，事前の期待と現実とのギャップを感じることがありますが，それを「リアリティ・ショック」と呼んだりします（Schein, 1978）。組織社会化の過程ではそのような課題を解決していくことで，仕事に慣れたり，離職を防いだりすることが求められます。近年組織側がそのような組織社会化過程をサポートし，組織になじませる施策を「オンボーディング」として積極的に推進すべきであるとしています（尾形, 2022参照）。

　組織社会化の過程を個人がうまく乗り越えるためには，何を学ばなければならないかを知って，それを学習することが必要です。その学習内容についてたとえばSchein（1978）は，社会化段階の諸課題として，①人間組織の現実を受け入れる，②変化への抵抗に対処

する（新しいやり方を提案しても受け入れられないとか），③（どこまでが自分の仕事かについて知って）働き方を学ぶ，④上司に対処し，報酬システムの仕組みを解明する，⑤組織における自分の位置を定め，アイデンティティを開発する，の5つをあげています。これらを学習するには結構長い時間がかかるそうですが，じっくり取り組みたいですね。

　そして組織社会化を促進・支援する存在として，「社会化エージェント」の存在があげられています。第5，6章のコーチング・メンタリングを担当する人（コーチ，メンター）もそうですが，このあと学ぶ職場学習論において，「職場のどんな人たちから学習することができるのか」を知ることが重要で，社会化エージェントからうまく学ぶことが求められます。その方法については，第4～6章のそれぞれの内容で代替します。

3 心理的安全性

　組織社会化に続いて，もう1つ本章で紹介したい考え方が，心理的安全性（psychological safety）です。もともとの考え方はSchein & Bennis（1965）において，学習と態度変容をもたらす活動に必要なものとしてあげられていますが，近年職場・グループレベルの概念としてEdmondson（2019）によって提唱されました。職場において支援を得るにあたって，そもそも「こんなこと聞いていいんやろうか…」「おこられたらどうしよう」「そんなことも知らんのかっていわれそう」などと考えて，聞く勇気が出ないというようなことを考えた人はいませんか？　心理的安全性はみなさんが勇気を出せるようにするというよりも，職場レベルで心理的安全性が確保されていれば，みなさんがわからないことを聞きやすくなる，という概念です。

　心理的安全性は，「職場でみんなが気兼ねなく意見を述べること

ができ，自分らしくいられる文化」であり，「支援を求めたりミスを認めたりして対人関係のリスクをとっても，公式，非公式を問わず制裁を受けるような結果にならないと信じられること」です（Edmondson, 2019）。平たくいえば「何をいったり聞いたりしても，馬鹿にされないこと」といえます。心理的安全性が高ければ，その職場は失敗から学んだり，イノベーションが促進されたり，知識創造が促進されたりし，成果も高くなります。そして，職場でわからないことを聞いたり，自分の意見をいったりしやすくなります。またClark（2020）は，心理的安全性を4段階に分け，「何らかの恥ずかしい思い，疎外感，罰などを恐れることなく，（1）仲間として認められ（インクルージョン安全性），（2）安全に学べ（学習者安全性），（3）安全に貢献し（貢献者安全性），（4）現状打破に安全に挑戦できる（挑戦者安全性），と感じられる状態」という定義づけをしています。

　職場に心理的安全性を確立するには，Edmondson（2019）はリ

図表4-1　心理的安全性を確立するためのリーダーのツールキット

カテゴリー	土台を作る	参加を求める	生産的に対応する
リーダーの務め	**仕事をリフレーミングする** ・失敗，不確実性，相互依存を当たり前とし，率直な発言の必要性を明確にする **目的を際立たせる** ・危機にさらされているものと，それがなぜ，誰にとって重要であるかを意識する	**状況的謙虚さを示す** ・完璧でないことを認める **探究的な質問をする** ・よい質問をする ・集中して「聴く」手本を示す **仕組みとプロセスを確立する** ・意見を募るためのフォーラムを設ける ・ディスカッションのためのガイドラインを示す	**感謝を表す** ・耳を傾ける ・受け入れ，感謝する **失敗を恥ずかしいものではないとする** ・未来に目を向ける ・支援を申し出る ・次のステップについて話しあい，熟慮し，ブレーンストーミングする **明らかな違反に制裁措置をとる**
成果	期待と意味の共有	発言が歓迎されるという確信	絶え間ない学習への方向づけ

出典：Edmondson（2019）を参考に，筆者作成。

ーダーの役割が重要だとしています。そのためのツールキットとして３つの行動カテゴリーと具体的行動を示しています（**図表4-1**）。まず「土台を作る」，具体的には仕事をリフレーミングする（視点を変えて失敗や不確実性，相互依存を当たり前とする），なぜ心理的安全性が重要なのかを意識する，という行動です。次に「参加を求める」，具体的には自分が完璧でないことを認める，探究的な質問をして傾聴する，仕組みとプロセスを確立する（意見を募る仕組みを作る，ディスカッションの進め方を示す），という行動です。最後に「生産的に対応する」，具体的には感謝を示す，失敗を恥ずかしいものではないとする（未来に目を向ける，支援を申し出る，次のステップを考える），心理的安全性を脅かすような違反行為に制裁措置をとる，という行動です。職場だけでなく，サークル・バイト先・各種団体・部活等でも，これらを構築することがいい結果を導きそうですね。

それではリーダーではない人はどうすればいいのでしょうか。ちょっと逆説的ですが，Edmondson（2019）は，よい質問をしたり，相手の話に熱心に耳を傾けたりして，相手に関心を持っていることを伝えること，目の前の困難をリフレーミングしてお互いを必要としていることを共有することが大事だといっています。リーダーシップはポジションではなく誰でも発揮することができるもの，リーダーシップはリーダーとフォロワーが相互に構築するもの，という考え方であれば，心理的安全性もみんなで構築することができるでしょう。お互いのために一歩を踏み出すことができるといいですね。

4 中原（2010）の職場学習論

それでは具体的に職場ではどのような支援が得られ，どのような支援が能力形成に有効なのかを考えた研究として，中原（2010）の職場学習論を見ていきます。ここでは仕事における学びと成長の場

として職場をとらえ，経験学習に見落とされがちな「他者」の存在を意識しています。そこから「学習資源」，学習する上でその役に立ってくれるものとしての「職場の他者」に目を向ける必要性を提唱しているのです。

(1) 職場における他者からの支援

中原（2010）は職場において，誰から，どんな支援を得ていたのかという観点で調査を行いました。

まずは支援の内容，どんな支援を得ていたか？についてですが，調査の結果，3つの支援が得られることを指摘しています。それは精神支援，業務支援，内省支援の3つです。

①精神支援…これは精神的なやすらぎ，心の支えになってくれる，仕事の息抜きになる，プライベートな相談に乗ってくれる，楽しく仕事ができる雰囲気を与えてくれる，といった質問項目に代表される支援です。

②業務支援…これは仕事に必要な情報を提供してくれる，仕事の相談に乗ってくれる，自分にはない専門的知識・スキルを提供してくれる，仕事上で必要な他部門との調整をしてくれる，自分の目標・手本となっている，自律的に働けるようまかせてくれる，といった質問項目に代表される支援です。

③内省支援…これは自分について客観的な意見をいってくれる，自分自身を振り返る機会を与えてくれる，自分にない新たな視点を与えてくれる，といった質問項目に代表される支援です。

次に支援してくれる人ですが，中原（2010）においては，上司，上位者・先輩，同僚・同期，部下の4種類の人々を考えています。上司と上位者・先輩はもちろん，同僚・同期も有効な支援を与えてくれます。そして部下からも学ぶことがありますよね。

（2）３つの支援をしているのは誰なのか？

　その上で中原（2010）では，３つの支援を誰が行っているのかを明らかにしました。まず業務支援ですが，業務支援を最大に行っているのは上司であり，その後は上位者・先輩，同僚・同期，部下の順番で行っていました。次に内省支援は，上司，上位者・先輩，同僚・同期，部下など様々な人々から等しく受けていました。そして精神支援ですが，最も行っているのは同僚・同期であり，上司は最も行っていないことがわかりました。みなさんのイメージとあっていましたか？

（3）職場における能力向上

　そして中原（2010）は，職場における支援によってどんな能力が向上するのかを調査しています。そこで想定される能力向上は以下の６点です。
①業務能力向上…業務を工夫してより効果的に進められるようにな

三毛猫株式会社の例：ベンガルの「サアヤ」が誰からどんな支援を受けているか

支援者／ 支援内容	①精神支援	②業務支援	③内省支援
上司	おいしいランチをごちそうしてくれた	営業の心構えについて自分の経験を話してくれた	できていることとまだまだなところをリスト化するよういわれた
上位者・先輩	契約をとれなくても気にするなといってくれた	取引先の担当者について情報をくれた	新ねこにしてはよくできているといわれた
同僚・同期	引っ越しの相談に乗ってくれた	営業トークについて自分の経験を話してくれた	自分と比較していいところと改善点をいってくれた
部下・後輩	ボウリングいきましょうと誘ってくれた	わからないけど大丈夫ですよといってくれた	今のままでいいと思いますよといってくれた

出典：筆者作成。

った，自分の判断で業務を遂行できるようになった，など

②他部門理解向上…他者や他部門の立場を考えるようになった，他者や他部門の意見を受け入れるようになった，など

③他部門調整能力向上…複数の部門と調整しながら仕事を進められるようになった，など

④視野拡大…より大きな視点から状況をとらえるようになった，多様な観点から考えるようになった，など

⑤自己理解促進…以前の自分を冷静に振り返られるようになった，など

⑥タフネス向上…精神的なストレスに強くなった，など

（4）誰からのどのような支援が能力向上に資するのか？

　3つの支援と支援してくれる人，そして向上する能力を明らかにしたところで，いよいよ能力向上に資する支援は誰からのどんな支援なのかについて調査しました。その結果は次のようなものでした。

　まず上司からの支援ですが，学習者は内省支援，精神支援を受けて能力向上を果たしていました。それに対して，上司からの業務支援は量は多いものの，能力向上に結びついていないことがわかりました。そして上司があまり行っていない精神支援が，能力向上に結びついていることが明らかになりました。

　次に上位者・先輩からの支援ですが，こちらは内省支援を受けて能力向上を果たしていることがわかりました。次に同僚・同期からの支援ですが，内省支援・業務支援を受けて能力向上を果たしていることがわかりました。最後に部下からの支援ですが，この調査では能力向上には影響していないことがわかりました。

　この結果を学習者側の視点から考えてみましょう。まず上司はたくさん業務支援を行ってくるようですが，それと同時に同僚・同期からも業務支援を行ってもらうようにしましょう。どちらかというとそっちの方が能力向上に資するようです。次に精神支援は，同期

や仲のいい先輩に話を聞いてもらいがちですが，それと同時に上司にも相談するようにしましょう。実は上司の精神支援が能力向上に資するようです。そして内省支援は，多様な人々にお願いしましょう。おそらくそれぞれの立場からの支援は内省を促進し，能力向上に資するようです。部下の支援は今回は能力向上に影響していませんでしたが，もちろん学ぶところがあれば取り入れましょう。そして部下にとってはみなさんは上司です。精神支援が彼らを成長させるようですよ。

(5) 職場学習を促進する「互酬性規範」と「経験談の共有」

以上のような結果に加えて中原（2010）では，職場学習を促進する要素として2つの要素が関連していることを明らかにしました。

図表4-2　職場学習のモデル図

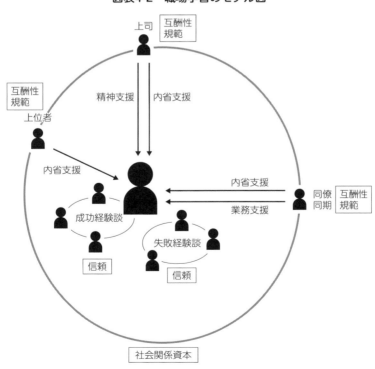

出典：中原（2010）を参考に，筆者作成。

それが「互酬性規範」と「経験談の共有」です（**図表4-2**）。

　まず互酬性規範ですが，これは正しい意味での「情けは人のためならず」です。困ったときにお互い助けあっている，他者を助ければ，今度は自分が困っているときに誰かが助けてくれるように自分の職場はできている，人から親切にしてもらった場合，自分も職場の他の人に親切にしようという気持ちになる，といった質問項目に代表されることです。この因子は直接能力向上に影響を与えるのではなく，3つの支援に影響を与えて，能力向上を果たしていたのです。「これやって自分の得になるのかな」などと考えず，「困ったときはお互い様」の姿勢が，職場学習を促進します。

　もう1つが経験談の共有です。これは成功経験談の共有と，失敗経験談の共有，両方とも能力向上に影響していました。そしてその効果は組織レベルで信頼関係が構築されていると，さらに高まることもわかったそうです。成功でも失敗でも，積極的に共有する仕組みを作れば，そこからの学びあいも起こるということですね。

　中原（2010）は，職場における支援関係とその効果を研究することで，職場を学びと成長の場としてとらえる有効性を提唱しています。誰からどんな支援を受けることが自身の成長につながるかを知っていることと，知らないことの間には大きな差がありますよね。

5 おわりに

　本章では職場で成長するための支援について，組織社会化，心理的安全性，そして職場学習論について見てきました。自分の成長にとってどの人からのどんな支援が有効なのかをよく考えておきたいですね。そして実はみなさんが支援を受けやすい環境を作ることは，他の人の成長だけでなく，組織のマネジメント全体にとっても有効なのです。そんな環境を作れる人になりたいですね。

▼ トランジションのための職場学習論

　トランジションに際しては，まずみなさんの周囲に支援を受けられそうな人がいるかどうかを考えてみましょう。複数の人にみなさんが困難に直面していることを知ってもらうことが大切です。そしてそこから支援を得ることも大事ですが，もし会社の人に知られたくないことなら，職場外の人を探してみることです。本章では一番身近な職場のことを考えましたが，それ以外にも頼れる人，使える学習資源はあると考えましょう。

本章のまとめ

・組織社会化は，個人が組織の役割を担うために必要な社会的知識とスキルを獲得するプロセスです。

・心理的安全性は，組織で「何をいったり聞いたりしても，馬鹿にされないこと」で，心理的安全性が高ければ，職場でわからないことを聞いたり，自分の意見をいったりしやすくなります。

・職場学習論は，精神支援，業務支援，内省支援の3つの支援を，上司，上位者・先輩，同僚・同期，部下から得ることができるという考え方です。

考えてみよう

・みなさんの所属するサークル，バイト先，各種団体などなどで，みなさんは上司（部門の直属の先輩，店長とか），先輩（部門以外での先輩），同期，後輩から，どんな支援を得て成長してきましたか。振り返ってみましょう。

📖 おすすめ本

中原淳（2010）『職場学習論：仕事の学びを科学する』東京大学出版会。

第5章

コーチング

本章のねらい

　本章では，ビジネスにおけるコーチングについて見ていきます。スポーツでコーチングの経験があったり，コーチとまではいかなくても似たようなことをした経験がある人もいるかもしれませんが，実際にどうやればいいのかについて，はっきりしないところもあるのではないでしょうか。本章を学ぶことで，ビジネスにおけるコーチングがどういうもので，何をどのようにすればいいのかが理解できます。

ショートコント

シュン：HAHA！　オレはメンタルコーチングだぁ！　何事もメンタルが大事！　専門知識がなくてもお役に立つぜ？

マツモト：オレはスキルコーチング！　専門知識をいかしてスキルを伝える！　でもオレたち，どっちかだけじゃないんだぜ？

2人：オレたちは2人で1つのコーチングさ！

マツモト：早速彼女をコーチングする！　おや？　どうしたんだ〜い？？

アヤハ：ちょっと！　これ絶対おかしいです！

シュン：お？　なんでだ〜い？

アヤハ：スキルとメンタルは両方ないといけないわけじゃないんでしょ？　これ絶対2人で押しかけてきますもん！

マツモト：まあな，オレたちは2人で1つのコーチングやから。

アヤハ：すごいドヤ顔…それにこれってスキルコーチとメンタルコーチじゃないですか？

シュン：そうともいう！

アヤハ：第一あたしがコーチングを受ける人っていうキャスティングがよくないです！　あたしも他の人みたいに「先生，コーチングって2種類あるんですよね？」みたいな入りがよかった〜！

マツモト：わかったわかった，じゃあアヤハがコーチになろう。僕が悩んでる人やるから。シュンはどうしようか？

シュン：じゃあ僕，メンタルとスキル二役やりますよ！　アヤハがいうてくれた方やるから。

アヤハ：うーん…大丈夫かな…？

マツモト：僕がこれから悩みをいうから，それを聞いてメンタルかスキル，どっちかぱっといえばいいから。簡単簡単。

シュン：大丈夫！　アヤハならできる！　思いきってやろうや！　じゃあいきましょう！　おや？　あそこにコーチングを受けたい人がいるんじゃないか？

マツモト：（震え声で）試合で活躍できるか不安なんです…。

アヤハ：わかった！　メンタルコーチング！

シュン：HAHA！　オレの出番だな〜！　いいか！　試合に向けてのメンタルは…。

アヤハ：…♪

1 はじめに

　本章ではコーチングについて学んでいきます。コーチングやコーチというと，スポーツのことを連想する人もいるかもしれませんが（例：武田，1985），ビジネスにおいてもコーチングはとても大事で，リーダーシップの育成，（伊藤ほか，2010），あるいはマネジメントそのものにコーチング的発想を重視する（伊藤，2002）といった考え方は広がりを見せています。そして人を育成する，あるいは自分が成長する上で，いいコーチングをする，あるいは受けるというのは有効ですよね。この章はそんなことについて見ていきます。

2 組織においてコーチングが求められる背景

　まず，なぜ組織においてコーチングが求められるのか，その背景について見ていきます。これはコーチングだけではなく，マネジメント全体にいえることかもしれませんが，本間・松瀬（2006）は，人材育成においては，ほとんどが命令と統制のコミュニケーションによって行われる一方的な育成だったとしています。答えを持つ者，経験を持つ者が，経験のない者に答えを教えることが教育であるとされていたのです。しかしこれでは指導される側が完全に受け身となり，自ら考えて動くといったことを止めてしまうことになります。これからのビジネスにおいては自ら主体的に考えて行動することが求められ，それを促すためには，「答えを教える」のではなくどうやってそれができるか，「答えを見つけられる」ように人材をサポートし，育成していくことから始めなければならないとされているのです（伊藤，2002）。

3 コーチングとは：2つのコーチング

　ここで鈴木（2000）に基づいて，コーチングの定義についてふれておきたいと思います。コーチング（coaching）とは，「指導される側の『自発的』行動を促進させるためのコミュニケーションの技術」です。そして教えるティーチング（teaching）とは違う，ということです。人に何か教えること，指導することではなく，指導される側の潜在能力を引き出し伸ばすことであるとしています。コーチもコーチを受ける側もパートナー，どちらが上といった考え方は持っていないのです。コーチングがコミュニケーションの技術だという考え方は，ビジネスにおけるコーチングが広まった日本特有の現象らしいのですが（西垣ほか，2022），本書ではビジネスにおけるコーチングを中心に考えていきます。

　そしてコーチングは「メンタルコーチング」と「スキルコーチング」の2つに大別されます（藤田ほか，2002）。メンタルコーチングは，指導される側の中に答えがあり，コーチはその答えを引き出して設定した目標を達成するまでサポートすることであり，コーチには専門のスキルはそれほど必要ないのです（もちろん専門の技術

図表5-1　コーチングとコンサルティングとの違い

	コーチング	コンサルティング
目的	クライアントの「気づき」と「行動変容」	クライアントの組織の課題解決（経営戦略やITの活用）
対象	個人または組織における個人やチーム	組織やチーム
方法	対話を中心としたクライアント自らの課題解決の支援	専門知識に基づくコンサルタント主導の課題解決
アプローチとポイント	コーチがクライアントから「引き出す」アプローチ（原則として，専門的な情報提供は行わない）	コンサルタントがクライアントに対して専門的な情報提供を行い，「診断」「処方」するアプローチ

出典：橋場（2022）を参考に，筆者作成。

を有したメンタルコーチはたくさんいます）。対してスキルコーチ
ングとは，指導される側のスキル向上が目的となるため，コーチは
専門的スキルを保持する必要がある，としています。スポーツのコー
チングはこちらのことを想像する人も多いですよね。

　いわゆるカウンセリングには専門の技術が要求されますが，メン
タルコーチングについては声かけレベルからすぐに実践できます。
もちろん専門的な技能を有したメンタルコーチによるコーチングも
ありますが，本書では組織をよくするための実践としての意味あい
を強調したいです。

　そして字面的によく似ている「コンサルティング」との違いにつ
いて橋場（2022）は，コンサルティングはコンサルタント本人がク
ライアントの課題解決のためのソリューションを考え，提供するの
に対し，コーチングはクライアントの課題解決をクライアント自身
で行えるよう支援することだと説明しています（**図表5-1**）。

4 コーチに求められる要件

　それではコーチングを行う人材，コーチにはどのようなことが求
められるのでしょうか。藤田ほか（2002）は，いいコーチの条件と
して，①型にはまらず具体的である，②描写的でわかりやすい，③
未来志向・建設的である，④一貫性がある，⑤公平・公正，⑥肯定
的・ポジティブ，⑦目標思考や解決思考ができる，⑧よきプランナ
ー，の8つをあげています。順に見ていくと，まず①型にはまらず
具体的であるというのは，いつも同じような型にはまったコーチン
グではなく，その機会特有のコーチングということです。②描写的
でわかりやすいというのは抽象的な話ではなく，問題状況を描写で
き，わかりやすいということです。③未来志向・建設的であるとい
うのは普通に大事ですよね。破壊的なアドバイスをする人はコーチ
ではないでしょう。④一貫性があるというのは，仕事との関係や人

との関係などでぶれないということです。⑤公平・公正であるとは，公平に見ることによって，指導される側の本質を見抜くことができるということです。次に⑥肯定的・ポジティブであるとは，指導される側にも指導する側にも肯定的な見方をし，人の可能性を信じ，プラス思考をすることで，指導される側との信頼関係を築ける，ということです。⑦目標思考や解決思考ができるについて，解決志向の反対は問題志向です。問題志向では問題点に意識がいくばかりです。目標とそれを達成するまでの具体的なイメージを描くことでやる気を引き出し，前向きな解決思考により，望ましい結果を得ることができる，これがコーチに求められる解決志向・目標志向であるといえます。そして⑧よきプランナーであるとは，PDCAサイクルをまわす際に，クライアントと柔軟なプランニングができるということです。

5 コーチングの要諦

　それではコーチングに求められる大事なこととはどんなものでしょうか。まずWhitworth et al.（2007）が提唱しているのがコーアクティブ・コーチング（co-active coaching），つまりコーチとクライアントの双方が積極的に関与して，協力しあいながら関係を築いていくコーチングです。そこにおいては4つの重要なポイント，「4つの礎」があるとしています。こちらはコーチングに向きあう考え方のようなポイントです。

①クライアントはもともと完全な存在であり，自ら答えを見つける
　力を持っている
②クライアントの人生全体を取り扱う
③主題はクライアントから
④クライアントとともに，その瞬間瞬間から創り出す

　順に見ていくと，①は文意そのままで，クライアントは何かが欠けていて，コーチはそれを「治す」というものではない，コーチはクライアントの力を信じるところから始まるということです。②はすべての意思決定は複数の領域にまたがっていて互いに影響しあっているということです。③はコーアクティブ・コーチングの最も重要な特徴とWhitworth et al.（2007）がいっているもので，何について話すのか，主題を決めるのはコーチではなくクライアントだということです。そして④はコーチング・セッションの中でコーチはクライアントの話をしっかり聞いて，背景に着目し，状況に応じて敏感かつ柔軟に対応することを示しています。

　他方で本間・松瀬（2006）はコーチングの前提条件として，①問題を解決できる形にフレームを転換する（リフレーミング），②レパートリーを広げる，の2点をあげています。①リフレーミングについて，コーチングには2種類の解決不可能問題，すなわち「相手の性格・人格を変えようとすること」「過去に起こった出来事を変えること」はできないという問題があることをいっています。その際には解決可能な問題にフレームを転換する，とらえ方を変えることが重要としています。②レパートリーについて，こうすれば必ずうまくいくという魔法の処方箋は存在しないとして，コミュニケーションや指導・育成のレパートリーを広げていくことが大事であるとしています。コーチのキャリアが求められますね。経験があればあるほど，1つのアドバイスではなく，多様なアプローチが可能になるでしょう。

6 コーチングのプロセス

　それでは具体的にコーチングとはどのようにすればいいのでしょうか。ここではMcKenna & Maister（2002）のコーチングの8段階，Alexander（2021）の「GROWモデル」を紹介します。

(1) McKenna & Maister（2002）のコーチングの8段階

　McKenna & Maister（2002）は，コーチングのプロセスについて，8段階に分けて考えています。それは，

①現状をたずねる
②コーチを受ける気持ちがあることを確かめる
③状況を確認するための質問をし，支援と協力を申し出る
④必要に応じて情報を提供する
⑤よく話を聞く
⑥とるべき行動の選択肢を考える手助けをする
⑦次のステップを決める
⑧個人的な支援と信頼を提供する

の8段階です。順に見ていくと，まず①現状をたずねるは，相手の能力や知識を高めるために協力する機会を探す，ということです。次の②コーチを受ける気持ちがあることを確かめるは，率直に「なんかアドバイスしてほしいことある？」などと質問するなどして，自分が助言・提案・意見を提供できることを相手に伝えることです。①②に共通するのは，こちらから先にコーチングするのではなく，相手がコーチングを受ける状況にあるかを確かめることです。そして相手が「もう少し自分で考えてみます」などと答えたときは，⑧のように答え，相手に任せてみるといいでしょう。③状況を確認するための質問をし，支援と協力を申し出るは，相手が次の段階に進むための適切な情報を持っているかどうかを判断することです。そして④必要に応じて情報を提供するは，必要な情報だけを提示し，相手が今後の行動を選択するために必要なことを知らせるということです。相手のキャパオーバーにならないように，必要のない情報を与えたりしないようにしたいですね。そして途中でさえぎって自分の考えを話したりせず⑤よく話を聞く，その上で⑥とるべき行動

の選択肢を考える手助けをするでは，コーチする相手が考えを出し
尽くすまでは，自分の考えを提案するのは避けることが大事です。
自分で解決策を見出すのを待ってみましょう。⑦次のステップを決
めるでは，確実に行動に移す気持ちがあることを確かめることが大
事です。まだもやもやしていて次の一歩が踏み出せないのに打ち切

三毛猫株式会社の例：三毛猫「マツモト」によるマンチカンの「ナナハ」へのコーチング

	三毛猫マツモト（コーチ）	マンチカンのナナハ（受ける側）
①現状をたずねる	最近お仕事はどう？	ぼちぼちですねえ
②コーチを受ける気持ちがあることを確かめる	なんか困ったことがあったら力になるけど，なんかない？　なかったらええんやけど	うーん…そういえば困ったことがありました。聞いてもらってもいいですか？
③状況を確認するための質問をし，支援と協力を申し出る	もちろん！　力になるよ！　なんか困ったことあるの？	私今かつおぶし事業部所属なんですけど，かつおぶしの知識が足りなくて困ってます
④必要に応じて情報を提供する	かつおぶし作ってるところ見たことないもんね。僕は鹿児島で工場視察したことあるけど	かつおぶしって鹿児島が産地なんですね，そういえば知らなかったです
⑤よく話を聞く	なるほどね！　食べ物以外のニーズを発掘したいんやね	私も含めねこはみんなかつおぶし好きですけど，食べ物だけじゃなくて利用範囲はもっと広いような気がするんです
⑥とるべき行動の選択肢を考える手助けをする	ナナハが今までにない商品を考えたいんなら，これまでの商品を知ることと，アイディアをとにかく出すことが大事かも	そっか，新しいことだけじゃなく，今までの商品知っといた方がいいですよね
⑦次のステップを決める	その順番がよさそう	じゃあ資料室で今までの商品調べて，そこからアイディア出ししてみます
⑧個人的な支援と信頼を提供する	きっとだいじょうぶ！またいつでも相談してね	ありがとうございます

出典：筆者作成。

ってしまうのはよくないです。そして⑧個人的な支援と信頼を提供するでは，今後も関心を持ち続けること，相手の問題解決能力を信じていること，目標達成を支援するためにできることがあれば手を貸すことを伝えます。⑧では今後もコーチングが続くこと，必要なときにコーチングを受けられることを相手にわかってもらえれば，相手も安心できますよね。

　McKenna & Maister（2003）のコーチングの8段階は，順番に実施すればいいので参考にしやすいですね。

(2) コーチングの「GROWモデル」(Alexander, 2021; Whitmore, 2002)

　次にAlexander（2021）によって考案された「GROWモデル」を紹介します。ここではモデルを広めたとされるWhitmore（2002）に従って見ていきます。ここでいうGROWとは，

G…Goal：目標設定
R…Reality：現状を把握する，Resource：資源の発見
O…Options：選択肢の創造
W…Will：意志の確認，計画の策定

をまとめたものです。順に見ていくと，まずG：目標設定においては，効果的な目標に必要な要素は具体的であり，実績がわかり，達成可能であり，適切であり，期限つきであること＋部下の目標を自分の言葉で正確に語れるくらいに明確にすること，ということです。結構注文が多いですが，目標が明確で，具体的で肯定的な表現で設定されているとき，加えて本人が目標に意味を見出していて意欲的であるときに，達成されやすくなる，という考えがあるからです。

　次のR：現状把握には，客観的事実，つまり今何が起きているかということと，どうやってその事実を作ったかということの2つの側面があるとしています。不調やスランプは意図して起こしているわけではありません。部下の話す情報に対して評価を加えないよう

にしなければならないのです。Rのもう1つ：資源の発見は，資源は目標や願望を達成させるために使えるもののことで，人はたくさんの資源を持っているものの，自分1人では気づかないことが多いです。その人の強みや施設で使えるものなど，もともと持っている資源にあらためて目を向けると力づけられ，行動へとつながるのです。

O：選択肢の創造は，相手が目標を達成するため，問題解決のための計画や方法を，できるだけ多くの選択肢の中から選ばせることが効果的だと考えています。無限の選択肢が可能だとの認識のもと，相手から様々な選択肢を引き出す必要があるのです。自分で考えて選んだ選択肢なら，納得できますよね。

そしてW：目標達成の意志確認は，意志・やる気を確認すること，加えて選択肢の中からベストなものを選んだり，優先順位をつけたりして，実行計画を立てるということです。相手が積極的に選んだ選択肢に取り組むことを確認することが大事です。そしてこのあと放置してしまうのではなく，フォローアップの約束が不可欠というのは，McKenna & Maister（2003）と共通ですね。

7 おわりに

本章ではコーチングについて見てきました。身の回りの大事な人が困っているときになんとかしてあげたい，その気持ちを具体的な行動に変えるためのコミュニケーションの技術，それがコーチングであるといえます。本章で学んだことをぜひ実践に移してみてください。

▼ トランジションのためのコーチング

　コーチングでは「どのようにコーチングを受けるか」ということについてはあまり考えられていないのですが，コーチングを学ぶことで，「よいコーチングの受け方」というのも応用的に考えられると思います。たとえばコーチ役の人に「よく話を聞いてもらう」とか，また，コーチ役の人と「一緒に正解を導く」とか「今後どうするかという具体的な行動まで一緒に決める」などといったことです。それを考えながら，他の人のコーチングを受けてみてください。いいコーチングの受け方ができれば，トランジションを乗り越えることもできるでしょう。

本章のまとめ

・コーチング（coaching）とは，「指導される側の『自発的』行動を促進させるためのコミュニケーションの技術」です。そしてコーチングは「メンタルコーチング」と「スキルコーチング」の2つに大別されます。

・コーアクティブ・コーチングには「4つの礎」，①クライアントはもともと完全な存在であり，自ら答えを見つける力を持っている，②クライアントの人生全体を取り扱う，③主題はクライアントから，④クライアントとともに，その瞬間瞬間から創り出す，があるとしています。

・McKenna & Maister（2003）のコーチングの8段階では，①現状をたずねる，②コーチを受ける気持ちがあることを確かめる，③状況を確認するための質問をし，支援と協力を申し出る，④必要に応じて情報を提供する，⑤よく話を聞く，⑥とるべき行動の選択肢を考える手助けをする，⑦次のステップを決める，⑧個人的な支援と信頼を提供する，というステップで進めるとよいとしています。

考えてみよう

・これまでにコーチしたエピソード，あるいはこういう人にこのようにコーチしてあげたい，という考えについて教えてください。今回の講義のどういうところが同じですか。

📖 おすすめ本

鈴木義幸（2020）『新 コーチングが人を活かす』ディスカヴァー・トゥエンティワン。

第 6 章

メンタリング

本章のねらい

本章では，メンタリングについて学んでいきます。実はたんなる悩み相談ではない，メンタリングの意外な機能と実施方法が明らかになりますよ。本章を学ぶことで，メンタリングを何のために，どのように行えばいいのか，また受ける側としてどのように受ければいいのかを理解できます。

ショートコント

アキ：先生，メンタリングってメンターにingがついてるんですね！

マツモト：mentoring…そうやな。

アキ：なんかサイクリングみたいでおもしろいですね。

マツモト：まあメンターにingつけて，メンターする，みたいな感じで考えるんやろうな。コーチは動詞もあるけど，コーチにingつけてコーチングやからな。

アキ：なるほど…。

マツモト：アキは何にingがついてたらおもしろいと思う？

アキ：えっと！　……犬！

マツモト：犬！？　doggingってこと？　どういうこと？

アキ：あたしの家の主な会話は犬関連なので…。なんですかdoggingって？

マツモト：こっちが聞きたいわ。それは人にするもんなん？

アキ：犬とはさんぽするから…一緒にさんぽするってことです。先生もさんぽしましょ？　職場のウェルビーイング（幸福感）を高めるためには，部下とのさんぽが有効だって，テレビでやってましたよ？

マツモト：まじか！　それはやらなあかんな。この場合アキが僕をさんぽに連れて行くとして，僕はどうしたらええのん？

アキ：行きたいところに行けばいいんです。そして日々あることについて話すんです。そしたら受容と確認もできるし，部下のキャリアの支援もできますよ。ほら，いきましょ！

マツモト：行きたいところに行く…犬のように。

アキ：そう，犬のように。

1 はじめに

　本章ではメンタリングについて学んでいきます。前章のコーチングと似たところもありますが，意外に両者は違うものです。たんなる悩み相談みたいなイメージもありますが，正しく理解することが大事です。そしてメンタリングをする方（メンター）と，メンタリングを受ける方（メンティ）の関係性についても学んでいきます。

2 職場におけるメンタリングの必要性

　渡辺・平田（2006）は，職場においてなぜメンタリングが必要なのか，その背景を4点にまとめています。第1に人間関係の希薄化です。濃密な人間関係が基本だった昔ならいざ知らず，現在は隣に住んでいる人の名前も知らないということも多いですよね。しかしコミュニケーションの必要性はむしろ増加しており，その過程で問題を抱えることも多いでしょう。第2に，年齢間の疎遠化です。ゆとり世代やZ世代など，若手を形容する呼称は多いですが，それでも若手は面倒見のいい上司を求めているのです。第3に，知的資源継承の困難さです。知恵や技能・経験を引き継がないことは企業にとって大きな危機をもたらします。それ以前に若手が育ちませんよね。第4に中途採用の一般化です。転職市場の活性化により中途採用が増えていますが，中途採用した企業もされた人材も，その企業に適応するためにメンタリングが必要になるのです。メンタリングが必要とされるのはこのような社会背景があります。小野・杉原（2007）も部下の早期退職を防ぎ，育成を継続するためにメンタリングが必要であるとしていますし，本田（2000）は企業レベル，組織レベルでのメンタリング・プログラムの導入を推奨しています。そして福島（2007）は，メンタリングを基軸にした自立型人材の育

成システムの構築を提唱しています。メンタリングは組織マネジメントや人材育成の不足を補いながら，前に進めていく原動力ととらえる研究が多いようです。

3 メンタリングの2つの機能

　Kram（1988）によると，メンタリングとは，知識や経験の豊かな人々（メンター）がまだ未熟な人々（メンティ）に対して，キャリアや心理・社会的側面から継続して行う，キャリア成功を目的とした支援行動，であると定義されています。メンター・メンティというメンタリングを行う側・受ける側の名称の他に，Kram（1988）の重要なポイントは，まず「キャリア成功を目的とした」というところです。メンタリングの目的は，メンティのキャリア成功を実現させることなんですね。そしてもう1つ，メンタリング行動は「キャリア的機能」と「心理・社会的機能」の大きな2つの具体的な機能によって構成されている，ということです。

(1) キャリア的機能
　メンタリングの2つの機能について見ていきます。まずキャリア的機能は，主にメンティのキャリア発達（昇進・昇格など）を促進する機能のことです。それには①スポンサーシップ，②ビジョニング，③育成とコーチング，④推薦とアピール，⑤保護，の5つのサブ機能が含まれます。
　①スポンサーシップは，メンター自身が，成功達成の支援者であることを宣言し，どんなことがあっても，最後まで支援行動を続ける意識を持つことです。これによってメンターはメンティのよき指導者，後見人になります。②ビジョニングは，メンターとメンティが，協働してメンタリングのゴールを明確にし，実行計画の構築，課題化をしていくことです。③育成とコーチングは，メンターが仕

事にかんする知識，ノウハウ，社内情報，企業文化を伝えるとともに，メンティの自己成長を支援することです。メンタリングの理論においては，コーチングはメンタリング機能の一部としてとらえられています。④推薦とアピールは，メンティの成功や成長に役立つような仕事上のチャンスがあれば，推薦したり，メンティの存在を多くの人々にアピールし，チャンスの場を大きくすることです。そして⑤保護は，メンターの経験や情報から，メンティの成功や成長を脅かすようなリスクを予測し，そのリスクから回避するように保護する行動です。

(2) 心理・社会的機能

　次にメンタリングのもう１つの機能，心理・社会的機能です。これは主に社会や企業におけるメンティ自身の立場，役割，アイデンティティ（自分の存在）についての理解を向上させ，１人のより成熟した人間への成長を促す機能です。これには①ロール・モデル，②受容と確認，③カウンセリング，④友好，の４つのサブ機能が含まれます。順に見ていくと，まず①ロール・モデルは，メンティにとって必要となる適切かつふさわしい態度や価値観を身につけさせるために，メンターが身をもってモデル（手本）を演じることです。ロール・モデルになることはメンタリングにつながるんですね。②受容と確認は，メンターが，メンティを１人の人間として尊重し，メンティに対して無条件に肯定的な関心を持っていることを伝えることです。そして③カウンセリングは，メンティの精神的，心理的ストレスを軽減し，様々な心配事をメンターに対してオープンに語ることができるような場や機会を提供することです。われわれが漠然と感じているメンタリングのイメージってこんな感じかと思いますが，実際はもっと広い範囲のことが含まれるようですね。そして④友好は，メンターとメンティとの間に，フレンドシップや信頼に基づく非公式なメンタリング関係を築くために働きかけることです。

心理・社会的機能はメンターとメンティの関係作りが主な内容ということになります。

4 メンターになるメリット

そもそも「なんでメンタリングってやらなあかんの？」とお考えの人もいるかもしれませんよね。渡辺・平田（2006）は，人がメンターを務めるにはメリットがあると指摘しています。

第1に，メンター経験が，メンター自身を成長させるということです。メンタリングの過程で，相手に教えるためによく学ぶ，相手の立場に立って教え方を工夫する，コミュニケーション力が高まる，深く考えるということが行われるからです。第2に，人的ネットワークが広がることです。もちろんメンターがすべてのことに答えられるわけではないでしょう。そうなると人に聞いて回りますよね。その過程で人脈も広がります。第3に，組織コミットメントが高まり，仕事の意義が明確になるということです。メンティの疑問に答えるために，適当に答えるのではなく，自分自身の考えを深めることにつながりますよね。そして第4に，メンター自身のキャリアを考えるきっかけになります。キャリアについてアドバイスするため，よく考えることになるからです。メンティに問いかけることが実は自分自身への問いかけになることもありますよね。

これらに共通するのは，メンタリングを通じて実はメンター自身の成長につながるということです。

5 メンタリング関係の4段階

Kram（1988）は，メンタリング関係の4段階という興味深い考え方を提示しています（**図表6-1**）。彼女によるとメンターとメンティの関係は進化するのです。どういうことでしょうか。段階ごとに

説明していきます。

（1）開始段階

　まずはメンタリングの開始段階です。期間は6ヶ月から1年，関係が始まる時期と位置づけられます。Kram（1988）は，この時期はメンターが支援やガイダンスを提供する力量を持っているが故に，賞賛と尊敬に値するというファンタジーが出現する，というユニークな表現をしています。その行動が具体的な期待に変化するのです。1年生のときに入ったサークルの先輩が妙にかっこよく見えたときってありませんか？　ファンタジーとはそういうことですかね？そしてメンターはコーチング，やりがいのある仕事，可視性を提供し，メンティは助手的な仕事をしたり，敬意，コーチされたいという希望を伝える，ということが行われます。また業務をめぐって相互作用の機会があります。実際に先輩後輩が一緒に活動する時期ですね。

（2）養成段階

　次は養成段階，メンタリング関係が発展する段階です。期間は2年から5年，キャリア的機能と心理・社会的機能が最大限に発揮されます。Kram（1988）によれば，まずキャリア的機能が最初に出現し，時がたち両者の関係の絆が深まるにつれて，心理・社会的機能が出現するようです。そしてメンター・メンティ双方ともにこの発展した関係性から恩恵を得るといいます。メンティが仕事ができ

図表6-1　メンター関係の4段階

段階	定義	ターニング・ポイント
①開始段階	関係が始まり重要となる	メンティの期待が満たされる
②養成段階	2つの機能が最大限に発揮される	関係性から恩恵を得る
③分離段階	役割関係や感情の変化が起きる	相互作用が限定される
④再定義段階	うまくいけば同僚同士の交友に近づく	新しい関係性が構築される

出典：Kram（1988）を参考に，筆者作成。

るようになってメンターが喜んだり，メンティが利益を与え続けられると信じられるようになるとメンターが誇らしく思ったりするようなことです。これによって互恵性を増大させることになります。サークルとかでも先輩の期待や指導に後輩が応えるような結果を出せば，関係は深まりますよね。意義ある相互作用の機会と回数が増え，感情的な絆が深まり親密さが増す段階です。

(3) 分離段階

　ただメンタリング関係はいつまでもいい状態では続かないのです。次は分離段階，期間は6ヶ月から2年で，構造的な役割関係や感情面で大きな変化が起きる段階です。やがてジョブローテーションや昇進によって部署異動などが行われた結果，相互作用の継続が限定され，キャリア的機能や心理・社会的機能が提供されなくなります。そして十分に成長したメンティはガイダンスをもはや望まず，むしろ自立して仕事をする機会を望むようになるのです。それぞれが新しい関係を発達させる機会と，発達支援的関係なしで仕事をする機会を持つことになります。サークルなどでも先輩が幹部じゃなくなったり，後輩が違う活動を始めたりして，疎遠になることもありますよね。お互いに喪失感もあり，不安や動揺もあるのにどう対応するかが課題になります。そしてメンターは分離を受け入れ，受容と確認を提供し続け，可能な限り応援しようとしますし，メンティも独り立ちの時期として，メンターの支援なしで仕事をして有能さを示すことができるのです。そしてメンターもメンティも関係性の次の段階を熱中や不確実性と結びつけて期待することになります。こううまくいけばいいんですけどね。

(4) 再定義段階

　最後の段階は再定義段階です。期間は不定，発達支援的関係は新しい形へと発展することができます。分離段階を経てストレスが減

少し，関係性が終了するか，または，対等な同僚同士の交友に近づくのです。たとえば先輩が卒業したあとでしばらくたって再会すると，分離段階も少しはリセットされているかもしれませんよね。メンティはメンターとの関係性が貢献してくれたことに対する感謝と賞賛を感じ，メンターはメンティの現在の姿に自分が重要な価値・知識・スキルを持つことを証明したと感じます。それによって現在のニーズにより対応した新しい絆を確認するのです。しかし必ずうまくいくわけではなく，うまく新しい関係性を構築できず，メンティが不快感や敵意を抱くこともあるそうです。そうならないといいですけどね。

三毛猫株式会社の例：三毛猫「マツモト」とロシアンブルーの「ユウキ」のメンタリング段階

4段階	三毛猫マツモト（メンター）	ロシアンブルーのユウキ（メンティ）
開始段階	ねこ飲料事業部の先輩としてユウキに出会う，故郷が同じで自然とメンターになる 子ねこ向けの新商品開発チームにユウキを推薦し，メンバーにする	ねこ飲料事業部に初任配置され，マツモトに出会う，故郷が同じで自然と指導を受ける 子ねこ向けの新商品開発チームに推薦され感謝する
養成段階	自分の知識と経験をユウキに伝え，出てきたアイディアを製品化するために協働する 製品化されともに喜びあう	重要な仕事を任され苦労も多かったが，マツモトに話を聞いてもらい，またアドバイスも受ける 無事成功しともに喜びあう
分離段階	別の仕事のリーダーになり，ユウキとのコミュニケーションは減るやがて別事業部に異動になる，ユウキのことは気にかけているが，直接話す機会はない	次の案件のチームリーダーになるが，いつまでも頼りっぱなしではよくないと自分でがんばるマツモト異動後はなかなか連絡できないが，自分の仕事をこなす
再定義段階	横断型プロジェクトでユウキに再会，社内での活躍をたたえる新たな悩みを聞き，いつでも力になることを伝える	横断型プロジェクトでマツモトに再会，仕事が充実していることを伝え，これまでの指導にお礼をいう 新たな悩みを相談する

出典：筆者作成。

みなさんのこれまでの経験でも，メンタリングをしてくれた先輩と，出会ったときそのままの関係でいる人は少ないのではないでしょうか。特にメンティの側は十分成長したのに，ずっと先輩として指導してくるのがめんどうくさいとか，ずっとメンタリングしてきたのに，独り立ちしたいメンティとけんかしてしまったとか，あるのではないでしょうか？　しかしKram（1988）はその両者の関係は変化すること，分離を経て再定義されるということを提唱しています。これがわかっていれば，いい形でメンタリング関係を発展させることができますよね。実は先輩後輩関係をうまく構築し，継続していくという点についても，Kram（1988）は重要な指摘をしているのです。

6 おわりに

本章ではメンタリングについて見てきました。メンタリングはたんなる悩み相談ではなく，メンティのキャリア成功に向けた多様な機能であること，そしてメンターとメンティの関係は変化することがわかりました。両者のある程度個人的な関係がメンタリングを促進することにつながりますが，その関係の変化を織り込んだ形での実施ができれば，いい関係を再定義することもできますね。

▼ トランジションのためのメンタリング

メンタリングはキャリア成功を目的とした支援行動で，まさにトランジションを乗り越えるために活用したいですね。メンターがいる人は，2つの機能のどの機能を発揮してほしいかを考えながら，メンタリングを受けるといいでしょう。メンターがまだいない人は，周囲でメンターになってほしい人を探して，まずは開始段階としてメンタリングをお願いしてみるといいでしょう。継続的な関係を築けそうな人がいいですね。

本章のまとめ

・メンタリングは，知識や経験の豊かな人々（メンター）がまだ未熟な人々（メンティ）に対して，キャリアや心理・社会的側面から継続して行う，キャリア成功を目的とした支援行動です。

・メンタリングには2つの機能があります。キャリア的機能には，①スポンサーシップ，②ビジョニング，③育成とコーチング，④推薦とアピール，⑤保護，の5つのサブ機能が含まれます。心理・社会的機能には①ロール・モデル，②受容と確認，③カウンセリング，④友好，の4つのサブ機能が含まれます。

・Kram（1988）の提唱するメンタリング関係の4段階では，メンターとメンティの関係は開始段階・養成段階・分離段階・再定義段階と進化します。

考えてみよう

・みなさんがメンタリングをした，あるいは受けた経験を教えてください。

おすすめ本

Kram, K.E. (1988). *Mentoring at work: Developmental relationships in organizational life.* University Press of America. （渡辺直登・伊藤知子訳 [2003]『メンタリング：会社の中の発達支援関係』白桃書房）

第 **7** 章

成人学習論

本章のねらい

　本章で見ていくのは，ずばり「大人が学ぶ方法」です。なんとなく勉強にやる気が出ない，それは「子どもの学び方」で学んでいるせいかもしれないのです。本章を学ぶことで，成人にふさわしい学び方を理解することができます。もちろん「大人の学ばせ方」でもあるので，そのようなところに応用することもできるでしょう。

ショートコント

アケミ：先生，マンドラゴラって大人には効果的なんですか？

マツモト：アンドラゴジーな。メインは教え方っていうより考え方やねん。相手が大人であることのいいところをうまく学習資源にすることが大事なんや。

アケミ：高校生に教えるときは，メカゴジラの方がいいんですよね？　あいつら大人と子どもの間やから，扱いが難しいんです。

マツモト：ペダゴジーな。絶対わざというてるやろ。確かにバランスが大事かも。大人扱いしすぎるのもよくないから。

アケミ：ふーん。

ミズキ：なんなん？　マンドラゴラって。

アケミ：見たことないねんけど，人の形してる植物。魔女が使う高麗人みたいな感じ？

マツモト：高麗人参…？

アケミ：それで土に植わってるのを引き抜くと，すごい叫び声出すらしくて，人がそれ聞いたら死んでまうねん。

ミズキ：やばいやん！　どうやって収穫したらいいんですか？

マツモト：やっぱ耳栓ちゃう？

ミズキ：でも耳栓ってわりと外の声聞こえません？　うっかり聞こえたら死んじゃいますよ？

マツモト：確かに…。

アケミ：だからあれちゃう？　他の誰かに耳ふさいでもらいながら，耳元でわーわーっていうてもらったらええんちゃう？

ミズキ：じゃあその耳ふさいでる人が死んでまうやん。

アケミ：わかった！　その人の耳も誰かがふさいで，それがぶわーって長い列になって，最終的に叫び声が届かないくらいに離れたらいいんや！

ミズキ：あははは！　それ！　優勝優勝！

マツモト：大人の学び方以前の問題があるようやな…。

1 はじめに

　本章では成人学習論について学んでいきます。一言でいえば成人学習論は「大人が学ぶ方法」です。学習論は教育学が理論的背景にあることもあり，子どもに教えるための方法論というのが前提になっていることもあります。しかし仕事における学習は，大人がその大部分の対象になっていますよね。そんな大人が学ぶための考え方が成人学習論です。もちろんサークル・バイト先・各種団体・部活等で，「大人と子どもの間」くらいの人にどうやって学んでもらうか，ということにも使えますよ。

2 Knowles(1980)によるアンドラゴジーとペダゴジーの違い

　大人の学習と子どもの学習の違いという形で，成人学習論を展開したのがKnowles（1980）です。彼は子どもの学習・教育「ペダゴジー（pedagogy）」と，成人学習・教育「アンドラゴジー（andragogy）」の両者を対比しながら，アンドラゴジーのあるべき姿を探求しました。

　Knowles（1980）の基本的な考え方は，成人教育・学習を子どもの学校教育・学習の延長ととらえるべきではないということです。なんとなくそう思っていた人もいるかもしれませんよね。彼は成人は子どもと違うユニークな学習者としての特徴を有していることを認識し，それに合わせた教育・学習の方法を考えていかなければならないとしています。そして子どもの学習＝ペダゴジーは普遍的な知識を一方向的に教育するために設計されているものであるのに対し，成人はそれに対して拒否反応を示すことが多いこと，社会の変化のスピードが増している状況では，教育を知識伝達のプロセスとして定義することはもう時代遅れなんだといっています。そして成

人学習においては，生涯学習を前提として，「学び方の学習」と，「自己決定的な探求（self-directed inquiry）の技能の学習」が重要であることを指摘しているのです。「生涯学び続ける」ビジネスパーソンの考え方が，もう提示されているんですね。その上でKnowles（1980）は，ペダゴジーとアンドラゴジーの違いと構成要素を下記の通り，また**図表7-1**のようにまとめています。

1. 学習者の概念…ペダゴジーが依存的で受動的と考えられているのに対し，アンドラゴジーは徐々に自己決定的になっていく存在で，教師はその自己決定的な学びを促進する役割です。

図表7-1　ペダゴジー・アプローチとアンドラゴジー・アプローチの構成要素

プロセスの構成要素		
構成要素	ペダゴジー・アプローチ	アンドラゴジー・アプローチ
1．学習準備	最小限	情報提供 参加のための準備 現実的な期待を発達させる援助 内容について考え始める
2．学習環境	権威志向 フォーマル 競争的	リラックスと信頼 相互尊重 インフォーマルで暖かい 協働的・支持的 オープンで真に人間的
3．学習計画	教師による	学習者とファシリテーターによる相互的計画のメカニズム
4．学習ニーズの診断	教師による	相互アセスメントによる
5．学習対象の設定	教師による	相互交渉による
6．学習計画のデザイン	科目問題の論理	レディネスの連続 問題の単位
7．学習活動	伝達技術	経験的テクニック（探究）
8．評価	教師による	ニーズの相互再診断 問題の相互測定

出典：Knowles et al.（2005）を参考に，筆者作成。

2．学習者の経験の役割（これまで学んだ知識ではなく，学習者の個人的に経験したこと）…ペダゴジーはほとんど意味をなさないのに対し，アンドラゴジーではそれを「豊富な学習資源」ととらえ，そこから学習することでより深く学習することができると考えます。教科書などを基本とした伝達的手法から，経験をうまく用いる経験的手法へと変わる必要があります。

3．学習へのレディネス（準備状態：学習しようとする状態になること）…ペダゴジーは社会からの圧力により，学校の教育内容をすべて受け入れるが，アンドラゴジーにおいては学習者は現実世界の課題や問題によりうまく対応するための学習の必要性を感じたときに，人は学習しようとすると考えます。それによって，より社会的な発達課題に対してレディネスを構築するのです。

4．学習への方向づけ…アンドラゴジーは「生活上の可能性を十分開いていく」プロセスへ導く課題達成中心型，およびそれを促進する能力開発型の考え方です。

3 成人学習の特徴とは？

このKnowles（1980）の成人学習について，中原（2006）は「P-MARGE」という頭文字をとってポイントを整理しています。覚えやすいチェックリストとして活用したいですね。

P…Learners are practical.（大人の学習者は実利的である）

M…Learner needs Motivation.（大人の学習者は動機を必要とする）

A…Learners are Autonomous.（大人の学習者は自律的である）

R…Learner needs Relevancy（大人の学習者はレリーヴァンスを必要とする）

G…Learners are Goal-oriented.（大人の学習者は目的志向性が高い）

E…Learner has life Experience.（大人の学習者には豊富な人生経験がある）

4 Freire(1970)の預金型教育と 問題解決型教育

　次にご紹介するのはFreire（1970）の理論です。成人学習論の理論の１つですが，その成り立ちはユニークです。発展途上国において教育が重要であることはいうまでもありませんが，彼は発展途上国の教育が，その発展に寄与するようなものになっていなければならないとして，その教育のあり方を問い直しています。

　Freire（1970）は，現代の教師－生徒のヒエラルキーに基づいた教育のあり方を「預金型教育」（banking education）として批判しています。ちょっと不思議な用語ですよね。教師は知識を与え続け，生徒はそれを忍耐を持って受け入れ，覚え，繰り返すことを強いられるようなスタイルです。預金はとてもいいことなので，ネガティブに見えない人もいるかもしれませんが，そういうものだと思ってください。別のところ（Freire, 1985）では「知識の栄養士的視点（nutritionist view of knowledge）」という用語を提示しています。嫌いなものでも栄養があるんだから食べなさいと詰め込まれるようなイメージです。筆者も好き嫌いが多いのでこちらの用語にシンパシーを感じますが，預金型教育をこのようなイメージで理解することに使ってください。ともかくFreire（1970）は，こうした詰め込み型の教育は人々を社会に埋没させ，社会階層を固定化し，沈黙の文化を生み出すとしています。やがて教育内容と現実の間に矛盾が生じ，欲求不満や対立が起こるともしています。

　その上でFreire（1970）は，預金型教育に代わって，問題解決型教育（problem-posing education）を主張しています。その特徴は５つ，教授者・学習者との相互教育的な関係，意識化と注視，状況との関係性，実践と省察，対話の重視です。順に説明していくと教授者・学習者との相互教育的な関係はそのままの意味で，次の意識化は，人間を「世界の中の存在（being in the world）」から「世界

とともにある存在（being with the world）」へと変えることです。
子どもの頃は特に，自分が世界に対して影響を与えられるとは思え
ず，ただ世界の中で存在しているとしか思えませんよね。しかし大
人は社会と自己がともにある存在であると認識することができ，そ
れがよい社会の実現のために行動したりすることにもつながります。
学習者自らの状況や現実，そして自分自身に対する意識化であると
いえますね。もう１つの注視（coming of consciousness）は，対象
から「距離を置くこと（take distance）」による学習が知識を生み
出し獲得するプロセスです。距離をとることで自身と対象を客観視
することができるのです。よく海外に行くことで，日本のよさがわ
かったり，抱えていた悩みがたいしたことないと感じられる，とい

図表7-2　預金型教育と問題解決型教育の比較

	預金型教育	問題解決型教育
教授者・学習者の関係	階層的・一方向的	対等（同じ目線）・双方向的
意識	何かを指向する意識	自らへの意識
世界との関係	受動的・クローズド 世界を模倣する	能動的・オープン 世界に変化をもたらす
コミュニケーション	否定，一方向的	重視，双方向的
教育の形	詰め込み型，べらべら話すだけ，知識を移動させるかのように伝えるだけ	認識を作り上げる，複数の認識主体による認識行為を相互に媒介する
対話	反・対話，対話を否定	重要性を認識，対話を続ける
創造の力	麻痺させる	常に現実の本当の姿を明らかにしていく
状況との関わり	人を沈めてしまうような状況にとどめおこうとする	人の意識の表出を探究し，現実に切り込むような鋭い批判を展開
時間	永続性	変化

出典：Freire（1970）を参考に，筆者作成。

う話を聞きますが，それも注視の効果であるといえます。状況との関係性は，学習者の周囲の人々や状況と相互作用する重要性を指摘していますし，実践と省察は第3章で最初に指摘したことです。そしてFreire（1970）は，対話を中心にした教育の重要性を説いています。対話に参加する人々に求められるのがコミットメントなのですが，それは「世界の変革を引き受ける」という意思を持つことであり，対話を実りあるものにします。そしてコミットメントの前提となるのが世界や人間に対する愛と謙虚さなんだそうです。このようにFreire（1970）は，社会変革や国の発展のために学習することを説いているのですが，その考え方には成人学習論にとって重要なものが含まれています。

5 Mejirow（1991）の変容的学習

　次にMejirow（1991）の理論について見ていきます。彼は成人学習とはどのような学習なのかという問いに，明確な答えを提示しています。それは「意味の枠組み（準拠枠：frame of reference）あるいはものの見方（意味パースペクティブ：meaning perspective）を変容する学習」であるということです。高校や大学において大きな経験をすると，一気にものの考え方が変わったりすることってありますよね？　もちろん漢字を1つずつ覚えたり，歴史の年号を語呂合わせで覚えたりすること，情報や知識を積み重ねることも重要なのですが，成人に特有の学習としてMejirow（1991）は，物事を解釈する意味の枠組みと，その背後にあるものの見方の意味パースペクティブを変容させる学習，「変容的学習（transformative learning）」をあげているのです。

　子どもの頃はそんな意味の枠組みを無批判に取り入れて，そのように取り込まれた意味の枠組みと意味パースペクティブが，意味の把握に影響を与えるのですが，それらは必ずしも正しくなくて，ゆ

がんでいるかもしれません。そしてゆがんでいる意味パースペクティブを批判的に検討し変容すること,「パースペクティブ変容（perspective transformation）」こそが成人学習にとって重要であるとしているのです。

変容的学習においては,4つの学習形態があるとされます。第1に,意味の枠組みの中での学びです。習得した意味の枠組みの中で学ぶことで,別に毎日大きな変容は必要なく,だいたいはこのような学習になるでしょう。第2に,新たな意味の枠組みを学ぶことです。一貫している意味や,既存の意味パースペクティブと両立できるような新しい意味を創り上げることです。小学校から中学校,中学校から高校に上がるときなどは,違いもありますが今までの「学校による学び」の意味パースペクティブを応用して,新しい意味を創り上げるでしょう。第3に,意味の枠組みの変容による学びです。これまで当然とされてきた前提について,特定の視点や信念が通用しないという経験を経て省察が加わり,意味の枠組みを問い直すことです。大学生から社会人になると,だいたいの人は自分で仕事をして生きていくということになりますが,もう学生気分ではいられ

三毛猫株式会社の例：ペルシャねこの「コウ」の変容的学習

学習形態	4つの学習形態ごとの学習内容
意味の枠組みの中での学び	ねこ用美容事業部に配属され,化粧品の種類を覚えていく。業界用語もあるが,もともと化粧品に詳しいねこだったので,楽しみながら用語を覚えていく
新たな意味の枠組みの学び	研修で人間の化粧品について学んだ。もともと商品としての化粧品を生み出したのは人間で,自分たちねことはずいぶん化粧品の考え方が違うみたい
意味の枠組みの変容による学び	ねこ化粧品における香りの考え方が大きく変わった。コウは人間のつけているいい香りにあこがれていたが,ねこがそれをつけるとフェロモンの関係で相手を混乱させるらしい
パースペクティブ変容による学び	フェロモン・コミュニケーションを促進させる上でも,内面から美しくなることが大事。そのためのねこ用サプリメントの開発が重要だと考え,じっくり情報収集をしている

出典：筆者作成。

ませんよね。仕事をするとはどういうことか，これまでの学生気分を省察することによって考えることになるでしょう。そして第4に，パースペクティブ変容による学びです。すべての経験が意味パースペクティブの変容につながるわけではないのですが，ゆがんだ不完全な意味パースペクティブを省察し批判すること，さらには意味を再構成してパースペクティブを変容していく学習です。仕事経験を経て，社会人として生きることについてのものの見方・考え方を獲得していくのです。

変容的学習の原動力は意味パースペクティブに対する省察（reflection）です。自分が何を考え認識しているのかを省察する「内容の省察」，行為の効果を検証する「プロセスの省察」，行為の理由について省察する「想定の省察」などが含まれます。そして変容的学習は短期的なものにとどまらず，成人の発達という長期的な文脈においても，さらにいえば個人のキャリアにも影響を与えるとMejirow（1991）は述べているのです。

意味の枠組み・意味パースペクティブの中での学習も重要なのですが，大人ならではの学習は，大きくものの見方・考え方を変える学習になるということです。大学生のみなさんはそのような経験をするように行動するといいかもしれないですね。

6 おわりに

本章では，成人学習論について学んできました。大人の学習方法というよりは，学習に対する考え方が異なること，大人が学ぶとはどういうことなのかについての考え方を学んでいくことになりますね。

生涯学習という言葉に表されているように，大学生，あるいは社会人においても，学び続けることはとても重要です。他方でみなさんの周りに，学ぶということを苦痛でしかないと感じている人もい

るかもしれませんよね。そんな人は「自分がだめなんじゃなく，大人の学び方ができていないから，やる気が出ないのでは？」と一度考えてみてください。学習について嫌いなものを無理矢理食べさせられるみたいなイメージを持っているとしたら，もうそれは終わりです。学習は大人が自分の人生を充実させるための手段なのです。本章がそうとらえなおすいい機会になればいいなと思います。

▼ トランジションのための成人学習論

　本書で勉強している人は大人（になりかけ）としての大学生，あるいは大人の第一歩を踏み出した若い社会人が多いかと思いますが，この時期に必要な学びとはどんなものかをもう一度整理しておきましょう。まずは専門的知識の学習です。成人学習論の観点から，P-MARGEを少しでも自分なりに意識して学ぶことが求められます。将来どのように役立てるかを考える，自分のやりたいことを学ぶ，自身の経験とリンクさせる，といったやり方は，同じものを学んでもより効果的に学習することができるでしょう。もう1つは変容的学習，これまでの意味の枠組みやものの見方を根本的に変える学習のことです。有効な省察をもたらす原動力は意識化と注視であると学びました。自身の立場や状況を客観視できるきっかけを作ることが大事かもしれません。違う何か（違うコミュニティ，違う人々，違う大学，違う国）と比較するような経験は，その1つになりそうです。

・Knowles（1980）は子どもの学習・教育「ペダゴジー
（pedagogy）」と，成人学習・教育「アンドラゴジー
（andragogy）」の両者を対比し，成人学習の特徴を整理しました。

・Freire（1970）は，教師－生徒のヒエラルキーに基づいた教育の
あり方を「預金型教育」あるいは知識の栄養士的視点として批判
し，問題解決型教育を主張しています。その特徴は5つ，教授者・
学習者との相互教育的な関係，意識化と注視，状況との関係性，
実践と省察，対話の重視です。

・Mejirow（1991）は成人学習を「意味の枠組み（準拠枠）あるい
はものの見方（意味パースペクティブ）を変容する学習」，変容的
学習としました。子どもの頃から無意識に受け入れている意味の
枠組み・パースペクティブを変容することが，成人学習にとって
重要です。

考えてみよう

・これまでの人生の中で，意味の枠組み，世界やものの見方が根
本的に変わったという経験を教えてください。

 おすすめ本

Knowles, M.S. (1980). *The modern practice of adult education: From Pedagogy to Andragogy*. Cambridge Adult Education. （堀薫夫・三輪建二訳［2002］『成人教育の現代的実践：ペダゴジー からアンドラゴジーへ』鳳書房）

第**8**章

組織学習

本章のねらい

　本章では「組織の学習」というトピックを見ていきます。組織って学習するの？どうやって？という問題を考えていきましょう。学習は組織レベルで考えた方がいい場合もあるのです。本章を学ぶことで，組織が学習することがどういうことか，またどういういいことがあるのかについて理解することができます。

ショートコント

タイヨウ：先生，アンラーニングの重要性は理解できたんですけど，やっぱり難しくないですか？　古い学習結果を捨てるって。

マツモト：ようもいわれることやけどな。でも別に記憶を消すってわけじゃないねん。タイヨウは消したい過去ってあるのん？

タイヨウ：オレっすか？　ないですね。そんなにいうほどつらい経験してないんで。

マツモト：いいことやな。僕にはいっぱいあって，ちょっと思い出すだけでダークサイドが吹き出してくるんやけど…。

タイヨウ：ほんまや！　ダークサイドって結構見えますね！笑

マツモト：そうやろ。フォースもジェダイも全部ホントなんや。それはともかく，経験や記憶を消すんじゃなく，新しい学習結果で上塗りする，みたいに考えてほしいねん。組織レベルで「前はこんなふうに考えとったけど，これからはこうせなあかんのやな」みたいに思えたら十分なんや。

タイヨウ：そっか，そしたら過去の経験もいきますもんね。「しくじり先生」みたいに。

マツモト：なんか人にきいたんやけど，しくじり先生ってただしくじった経験を話すだけじゃなくて，最後結構いい感じに終わるらしいね？

タイヨウ：そうです，感動的なメッセージとかあって。2割くらいはそんな感じっす。

マツモト：じゃあ，ただしくじってるだけの僕はなんなん？

タイヨウ：それは「先生」じゃないから，「しくじり人」じゃないですか？

マツモト：しくじり人！？

タイヨウ：もしくはたんに「しくじり」。

マツモト：しくじり…。概念としての…。

1 はじめに

　第1章でご案内した通り，本書はこの章から第2パート，「組織の学習」に入っていきます。経営学では「組織が学習する」という立場をとることで，個人の学習ではとらえられない学習を扱うことができます。このパートでは組織の学習を広くとらえて，様々な理論を紹介していきます。組織学習論の前提や，理論的分類についても見ていきましょう。

2 組織学習とは

　組織学習（organizational learning）とは，「長期的な適応のために，組織およびその成員の行動を変容すること」です。このシンプルな定義を詳しく見ていきましょう。まず「長期的な適応」のところですが，組織学習は目先の変化のみの学習を対象とはしないということです。組織が環境に対して長期的に適応すること，これが組織学習の目的です。次に，「組織およびその成員の行動」です。次節でふれるように，組織学習の学習主体には個人・組織の2つの立場があるのですが，どちらも組織学習の対象です。どっちかだけが変容することは，これもあとで出てくるのですが，「不完全な組織学習」になります。そして「行動を変容すること」です。組織成員の意識が変わっても行動が変わらなければ，やはり「不完全な組織学習」になるのです。

3 組織学習の学習主体：誰が学習するのか？

　ここで先ほど少し出てきた，「組織学習は誰が学習主体なのか？」ということについてふれておきます。組織学習理論の多くは，学習

主体を「組織」ととらえてきました。でも組織といっても，結局組織の中の個人が学習することではないの？とお考えの人もいるかもしれませんよね。経営学の伝統的見解はそうでした（Hedberg, 1981）。しかし組織学習論においては，1人で学習する個人を集めるよりも，彼らで構成される組織単位で学習する方が，学習効果が大きいと考えます。これは組織が学習する立場としての組織学習の重要な前提です。

　組織で学習した方がいいという考え方には2つの理論的背景があります。第1に「三人寄れば文殊の知恵」という格言があるように，組織で学習すると人数分の「知識のプール」を使うことができ，1つの問題を多様な観点から見て，多様な意見を踏まえて解決することができる，というものです。第2に，1人では変えられない組織文化や価値・規範といったものを変えることができ，それによって組織を変革し，適応することができるというものです。組織文化を変えるためには，個人を基盤にしていては，彼らを1人1人説得しなければならなくなり，とても大変ですよね。組織内相互作用をうまく利用することで，組織学習をより効果的に行うことができるのです。

4 組織学習理論のバリエーション

　それではこれから見ていく組織学習理論ですが，組織が「どのように」学習するのかについては，4つの立場があるといえます（開

図表8-1　組織学習の考え方

基本的な定義	誰が学習するのか？	どうやって学習するのか？
長期的な適応のために，組織およびその成員の行動を変容すること	・組織が学習する ・組織の中の個人が学習する	・古いものを捨てて新しいものを学ぶ（アンラーニング） ・組織内のルールや手続き・文化・行動様式を変える（ルーティン） ・考え方の前提となる価値，規範を変える（パラダイム） ・知識を創造する（ナレッジ）

出典：開本（2019）を参考に，筆者作成。

本，2019）。それは，

・古いものを捨てて新しいものを学ぶ（アンラーニング）

・組織内のルールや手続き・文化・行動様式を変える（ルーティン）

・考え方の前提となる価値，規範を変える（パラダイム）

・知識を創造する（ナレッジ）

の４つです（**図表8-1**）。これらはお互いに排他的なものではないので，組み合わせて使うこともできます。

　本章ではこのうち最初の２つ，「アンラーニング」と「ルーティン」について見ていきます。残りの２つは次章以降で見ていきます。

5 古いものを捨てて新しいものを学ぶ（アンラーニング）

　まずは「アンラーニング」という分類に当てはまる，２つの理論を見ていきます。アンラーニングとは「以前に学習したことで，古くなってしまった考えを捨てる」ことです。組織学習には新しい考えを身につけるよりも，先に古い考えを捨てることも重要だという考え方があります。みなさんの企業，あるいはサークル・バイト先・各種団体・部活等で，新しいことを導入したいと思っても，今まで得た知識や慣習，考え方が邪魔をして，「やっぱり無理だな…」という結果になることってありませんか？　本節では組織学習としてのアンラーニングを見ていきますが，現在は松尾（2021）によって，アンラーニングは個人レベルでも重要であるとされています。社会人における学生気分，大学における高校気分みたいなのがあたるかもしれないですね。

(1) Hedberg（1981）におけるアンラーニング

　アンラーニング（unlearning：学習棄却）を提唱したのがHedberg（1981）です。彼は理解というものには，新しい知識を学習することと，時代遅れで誤りにつながる知識を捨てることの両方

が含まれることを指摘した上で，アンラーニングを，学習者が知識を捨てるプロセスであるとして，それまで組織学習は知識の獲得だけが議論されていたところに，古くなった考えを捨てることを提唱しました。Hedberg（1981）はアンラーニングは，外部環境，内部環境，組織（の考え方）の間に離齬があることから生じる問題によって引き起こされるとします。外部環境が激しく変化しているのに，内部環境や組織の考え方がそれについていっていない，といった状況がいい例です。新しいものの見方や行動方針，改善を生み出しながら，同時に古いそれらを棄却することを意図した学習です。アンラーニングとそれに代わるものを生み出す学習（再学習）は同時に行われるのです。

　組織におけるアンラーニングの重要性を指摘したのがNystrom & Starbuck（1984）です。彼らは組織が危機を乗り切って生き残るには，組織のアンラーニングが必要だとしています。そこではトップが学習を支配するとともに，アンラーニングを妨げるとして，トップが組織の信念や価値観を変えたり，トップを一斉に交代させるといった荒療治で，ピンチを乗り切る企業がある一方で，危機を乗り切れなかった企業は，トップが過去の成功体験から，問題を過小評価したり，「そんなのたいしたことないやろ」といった対応をしていたそうです。アンラーニングの成功が企業の生存を左右するということを指摘しているのです。

(2) March & Olsen(1976)における不完全な経験学習サイクル

　次はMarch & Olsen（1976）による組織学習理論です。彼らは組織学習は完全には達成されない場合が多いとして，それを「学習のサイクル」が途切れる，と表現しています。厳密にはアンラーニングの理論ではないのですが，アンラーニングがうまくいかないのは，学習サイクルが途切れがちだから，という形で理解できるのです。

　March & Olsen（1976）はそんな学習サイクルが途切れる形を4

つの「不完全な組織学習」として表現しています。

　図表8-2でもわかるように，この学習サイクルには4つの途切れ
ポイントがありますよね。順に説明していくと，第1に「傍観者的
経験学習（audience experiential learning）」です。これは個人の
行動が組織の行動と結びついていないために，個人が学習したこと
が組織にいかされないという状態です。たとえば組織のある営業パ
ーソンが，新しい営業スタイルを学習して行動しているのに，他の
人たちが「なんであいつあんな行動してるの？」と傍観しているよ
うな状況をイメージしてください。第2に「迷信的経験学習
（superstitious experiential learning）」です。個人や組織は学習し
ているつもりなのに，その行動が環境に影響を与えないという状態
です。たとえば取引先にはその意義をわかってもらえないのに，組
織では「こんな営業活動をしたら取引先も増える」と思って活動し
ている（迷信を信じている？）というような状況をイメージしてく
ださい。第3に「あいまいさのもとでの経験学習（experiential
learning under ambiguity）」です。どんな環境の変化がなぜ生じ
たかなどがよくわからず，漠然ととらえながら学習していくという
状態です。急に取引先の理解を得て評価されているのに，組織では
「なんでうまくいってるのかわからん」となっている状況をイメー
ジしてください。そして第4に「役割制約的経験学習（role-
constrained experiential learning）」です。個人は学習しているの
に，それを自分の行動にいかそうとしない状態です。個人が営業で

図表8-2　March & Olsen（1976）の不完全な経験学習サイクル

出典：March & Olsen（1976）を参考に，筆者作成。

やるべきことはわかっているのに，「うまくいくかわからんし，まあ今やらなくてもいいか」と行動しないような状況をイメージしてください。

これらの途切れポイントを克服して完全な学習サイクルにすることが，アンラーニングにとっても重要であると考えられるのです。

6 組織内のルールや手続き・文化・行動様式を変える（ルーティン）

(1) 組織ルーティンの研究

次に見ていくのが，「組織ルーティン（routine）」の考え方，すなわち，組織学習で学んだことは組織の規則や形式・手続き・しきたり・行動様式といったものに保持されているという考え方です。安藤（2019）は組織学習を，「組織と個人を包含するシステム全体における組織ルーティンの変化」と定義しており，ルーティンを変えることが組織学習であるとしています。

ちょっと変な例ですが，みなさんの卒業した学校には，昔から引き継がれてきた不思議な風習ってあったでしょうか？　筆者の高校は歴史的に競技としてのボートが盛んで，ボートレース大会があったり，体育祭のときに厳粛な応援歌に合わせて，陸上でボートをこぐ演舞のようなものがありました。その合間には，どう考えてもノリで作ったとしか思えないような不思議な演舞も含まれていました。やっているときには考えられませんでしたが，あとで考えるとそれらには教育方針，引き継いでほしい精神性などが含まれているのではないかとも思いました。学校行事は企業の例ではないですが，組織ルーティンの1つとして考えられるかもしれません。

Levitt & March（1988）は組織学習の研究をレビューする中で，組織ルーティンについて説明しています。彼らは組織の経験的教訓はルーティンでとらえることができるとして，ルーティンの例として，形式，ルール，手続き，慣習，戦略，技術などをあげています。

そしてルーティンは社会化，教育，模倣，専門化，個人の行動，吸収，合併などを通じて伝えられるとしています。組織の行動はルーティンを基礎としていて，適切な選択を考えるよりも，すでに学んだ手続きを状況に合わせるように行動します。そして組織学習は，経験からの推論を行動を導くルーティンにコード化することであるとしているのです。「ああいうことがあってこんなふうにしたから，これからはこうするようにしよう」というような学習です。ルーティンの変化は，試行錯誤か成功・失敗の経験によって起こるとしています。

　ルーティンはこのように成功・失敗経験を学習結果として保存し，次の行動をやりやすくします。野球の無死一塁でまずは送りバント

三毛猫株式会社の例：ブリティッシュショートヘアの「カノン」の感じたルーティン

初任配置：ねこ用アイスクリーム事業部	〈いいルーティン〉 ・おひるどきはいつも新商品アイスの試食がある。お弁当のあとで試食しながらみんなであれこれ話すのが伝統。本当に楽しい。 ・会議の中で若いねこの意見をよく聞いてくれる。アイスは若いねこの感性が重要だという方針から。 〈よくないルーティン〉 ・冬はみんななんとなくやる気がない。あったかいところで食べるアイスもおいしいし，そのための新商品とか作ればいいのに，みんな乗り気じゃない。
今の配置：ねこ用スイーツ事業部	〈いいルーティン〉 ・会議ではいつも新商品スイーツの試食をする伝統。私の提案したシュークリームも好評。すぐに反応があってうれしい。 ・仕事終わりの飲み会がない。そんなにお酒好きじゃないねこが集まってくる部署らしい。基本定時で終わる方針だから，残業にしても遊びにしても，自分の好きに過ごせる。 〈よくないルーティン〉 ・みんなやや太り気味。スイーツ事業部だからしょうがないという考えみたい。私は体重増えるのはイヤだから，もっと運動したいのに，みんな乗り気じゃない。

出典：筆者作成。

と考えるように，効果的なルーティンは組織に結果を生み出させやすくしますし，その行動に自信も与えますよね。しかしLevitt & March（1988）がルーティンの限界として提示したのが「有能さの罠（competency trap）」という概念です。これは好ましい結果を時代遅れのルーティンで出してしまうと，組織がさらに経験を積み重ねるとき，より優れたルーティンにするための経験をあまりやらなくなってしまうこと，特に新しいルーティンが古いルーティンより効果的だとしても，慣れ親しんだ古いルーティンを変えようとしなくなることです。古いルーティンで結果が出てしまうと，変えなくていいやという決定になり，長期的に環境変化に適応できなくなってしまうのです。組織ならずとも，サークル・バイト先・各種団体・部活等で，このような事例があるかもしれませんね。この行事やイベントはずっと続いているしいいこともあるから，時代に合わなくても強要してしまう，そんなことありませんか？

(2) 組織記憶の研究

　組織ルーティンではルール，手続き，技術，信念，文化は社会化とコントロールのシステムを通じて保存されるわけですが，それは「組織記憶（organizational memory）」に保持されるとしています。個人の記憶は個人の頭の中に保存されますが，組織記憶は人々の記憶の集合，組織文化，および組織の環境にある様々なもの（書類や建物など）に情報が保存されるといいます。先ほどのHedberg（1981）は，「組織は脳は持たないが認知システムと記憶は持っている」として，組織記憶の存在を指摘していますし，March & Olsen（1976）も情報の蓄積機構として組織記憶という言葉を用いています。またLevitt & March（1988）は，ルーティン・ベースの組織学習が獲得したルーティンを維持・蓄積するのに組織記憶という概念を用いています。情報の文書化やデータ化には膨大なコストがかかるため，組織記憶への蓄積というのはローコストで有効であると

しているのです。

　組織記憶のポイントは，1ヶ所に保存されているのではなく，分散して保存されるということです。Walsh & Ungson（1991）は情報を1つのところに集めるのではなく，組織の異なる場所に情報を分配できることをあげています。組織成員の他に，組織文化や組織構造，環境や，組織で生み出されるインプットやアウトプット，外部の記録などが相互に関連しながら組織記憶の保持（retention）をし，また情報の獲得（acquisition）および想起（retrieval）の基盤となるとしているのです。またMoorman & Miner（1997）は組織記憶の特徴として，組織全体に分散・共有されていること，使いたいときにいつでもアクセスできることをあげています。これは職場における学習資源の考え方と符号します。そしてSutton & Hargadon（1996）は，組織内に分散している情報のストックとしての組織記憶を回収するブレインストーミングをあげています。

　組織ルーティン研究はその組織がこれまで学んできたことを保持し，人々の行動を導くため，組織学習で学んだことを，組織ルーティンとして定着させることがより効果的であるとしています。しかしそれはうまくいっているときは強みとなりますが，環境の変化に合わなくなると，逆に適応を阻害してしまうことも注意すべきことですね。

　高橋（1998）や安藤（2001）は，組織学習における組織ルーティンの研究は，個人や組織を組織ルーティンの容器として考えていると批判しています。しかし先ほどの高校の不思議な風習の例は，高校や高校生だったみなさんが，不思議に思いながらも実践したり，我慢して取り組んできたからこそ，その高校に今でも息づいているのです。ただの時代遅れなルーティンはともかく，その組織の強さを保持しているルーティンは，組織やその成員の実践によって引き継がれることは知っておくべきでしょう。

7 おわりに

本章では組織の学習について見てきました。今回はアンラーニングと組織ルーティンの考え方を学びました。次章からの内容も含めて，組織学習にはいくつかの考え方があります。いいものを選んで考えていきたいですね。

▼ トランジションのための組織学習

アンラーニングとルーティンの考え方は，トランジションを乗り越える際のヒントを与えてくれるかもしれません。もしみなさんの困難が，既存の知識や考え方によって邪魔をしていると考える場合，その考えが何か考えてみましょう。また，今まで成功してきたやり方でうまくいかない場合も，それに変わるやり方をなぜとれないのか，考えてみるといいかもしれませんね。

本章のまとめ

・組織学習とは，長期的な適応のために，組織およびその成員の行動を変容することです。そのバリエーションは，アンラーニング，ルーティン，パラダイム，ナレッジの4つのカテゴリーがあります。

・アンラーニングは，以前に学習したことで，古くなってしまった考えを捨てることです。捨てることと新しい知識を獲得することは同時に行われます。

・ルーティンは，組織学習で学んだことは組織の規則や形式・手続き・しきたり・行動様式といったものに保持されているという考え方です。うまくいっているときは適切な行動を素早く導きますが，時代遅れになるとかえって適応を阻害します。

考えてみよう

・組織ルーティンの説明をふまえて，みなさんの卒業した学校で，不思議なしきたりや行事がありましたら教えてください。それはどんなことが記憶されていると思いますか。

 おすすめ本

安藤史江（2019）『コア・テキスト 組織学習』新世社。

第 **9** 章

企業のパラダイム転換

本章のねらい

　本章では，組織学習の中でも，「考え方の前提とな
る価値観，世界観を変える」という研究について見て
いきます。今考えていること，学んでいることの背後
には，前提となるような価値観，信念，世界観のよう
なものがあって，それが変わると考えや学びも変わっ
てくるということがありますよね。本章を学ぶことで，
その背後にあるものは何か，それを変えるための学習
とは何かについて，理解することができます。

ショートコント

ハルノ：先生，私，パラダイムについて気づいたことがあるんです。パラダイムって共通の世界観や思考様式なんですよね？

マツモト：そうや。企業や社員が共通に持ってて，ものの見方・考え方に影響を与えるねん。だから企業を変革するには，古いパラダイムを転換する必要があるんや。

ハルノ：でもそれ以前に，パラダイムって人々にとってありがたい存在だから，人々に影響を与えるんです。パラダイムには…仏様が含まれているんです…。よーく見てみてください…。

マツモト：…？　えーっと……ほんまや！「イム」で仏含まれてる！「ネ申」みたいな感じ！

ハルノ：でしょ！「パラダ仏」にしか見えなくなりません？

マツモト：そうやな。パラダ仏ありがたいわ。え，ということは他にも仏含まれてる言葉あるってこと？

ハルノ：私も考えたんですけど，「スライム」とかには含まれますよね。スラ仏。あと基本的に「タイム」に入ってるので，「フルタイム」「パートタイム」とかには全部仏含まれてます。

マツモト：あとは「シェイム（恥）」とか「クライム（犯罪）」とか，よくない言葉にも含まれてるな。悪人正機な感じするわ。

ハルノ：一番おもしろかったのは「パントマイム」ですね！パントマ仏。仏様がパントマイムしてるのが，もうなんかすごいです！

マツモト：なんともありがたいパントマイムやな…！

ハルノ：そしてこのショートコントのコーナーって，ほんとに笑いしか求めてないんですね！笑

マツモト：ええねん！　これで日常の至る所にみんなが仏を見出す，これがパラダイム転換なんや！　違うけど！笑

1 はじめに

　本章では組織学習の研究の中でも，「考え方の前提となる価値観，世界観を変える」ことを意図した理論について見ていきます。第7章の成人学習論においても，知識や情報を蓄積していく学習と，その背後にある価値観や規範などを変える学習は別に考えることが示されていました。組織学習においても，組織成員が共通に持っている価値観，行動規範，そしてパラダイムの重要性，そしてそれらを転換することが提唱されています。本章では加護野（加護野，1988：伊丹・加護野，2003）とArgyris & Schön（1978）を中心に，そのような考え方について見ていきます。

2 パラダイムとは

　パラダイム（paradigm）とは組織文化の構成要素の1つであり（伊丹・加護野，2003），企業のメンバーが共通に持っている，企業それ自体，企業を取り巻く環境，企業の中で働く人々についてのイメージ（世界観）と，その中での共有された思考様式のことです（加護野，1988）。そのようなイメージや思考様式が，人々のものの見方のパターンを決め，ものの考え方や意思決定のパターンを決め，学習の方法や学んだことを整理する枠組みを決めることになります。組織の人々全員に共有されているとは限りませんが，企業の中心になる人々や多くの人々には暗黙に共有された理解があります。この共通理解がパラダイムといえます。

　変な例かもしれませんが，昔大学においては，「留年すると箔がつく」という考えが学生の間で当然のようにまかり通っていたことがあります。特に国公立大学は今に比べて学費が安かったことがその背景にあるのですが，今では安くない学費を払わなければいけな

かったり，やや就職に不利だったりするなど，「単位がうまくとれなくて留年すること」は，決してポジティブに考えられませんよね。それは大学がそういうところなんだという世界観，パラダイムが共有されていたことが背景にあると考えられるのです。

3 パラダイムが共有されていることの利点

パラダイムは企業と環境との間でずれがなければ，組織成員に様々な利点をもたらします。第1にコミュニケーションを容易にすることです。「大学ってこういうところだよね」という世界観が共有されていれば，たとえばサークルに入った方がいいかどうか，みたいなコミュニケーションはやりやすくなりますよね。それと関連して第2に，行動に信頼性を与えます。サークルに入ると友達もできるし情報も得やすい，みたいにサークルに入るという行動に信頼性を与えるのです。第3に人々の学習への効果です。どんなことが学習すべき重要な情報かを暗に示しているので，大学では1年生のときに何をがんばって勉強すべきかが自然にわかってきます。そして以

**三毛猫株式会社の例：サイベリアンの「ケイタ」の
スポーツ事業部におけるパラダイムの共有**

パラダイムが共有 されていてよかっ たこと	・スポーツ用語はだいたいわかるし，特にずっとサッカーをやっていたので，ねこ用サッカー事業にはすんなり入れた ・サッカー経験者ということでサッカー関連の仕事は任せてくれるので，とにかくしっかりやる ・誰がどのスポーツに強いかをわかっていると，わからないことを聞きやすいので，今情報収集中
パラダイムが共有 されてなくて困っ たこと	・スポーツ事業部はやはり元気が第一。遠くから呼ばれたら走って行かないと叱られる。大声が大事 ・自分の担当するスポーツの魅力をいつでもしっかり話せるようにしておく。サッカーもずっとやってきたが，いざ話すとなるとなかなか大変 ・取引先の担当者がどんな人かを常に情報共有するようにする。自分が共有しないとみんなも共有してくれない

出典：筆者作成。

上の結果から第4に，組織的な学習が促進され，学んだことが共有されます。周囲の人々についていくように動き出し，結果として多くの人が同じことについて学び，情報を共有することになるのです。

4 パラダイム転換の難しさ

　しかし，企業を取り巻く世界が変わると，パラダイムも変わらなければなりません。環境とパラダイムとの間でずれがあると，そこから導かれた誤ったイメージや誤った決定は，あとあと大きな間違いにつながっていきます。大学における留年の事例はわかりやすいですよね。しかし話はそう簡単ではなく，古いパラダイムは新しい環境にあった新しい思考様式を妨げてしまうのです。これを「思考のロック」といいます。大学の留年の事例にしても，「もうそういう時代じゃないんやで」といわれても，かたくなに留年する人はいたような気がします。

　どうしてパラダイム転換は難しいのでしょうか。面倒な理由がいくつかあります。第1に，パラダイムが暗黙のうちにしか持たれていない，一種の思いこみになっているからです。自分が思いこんでいることが何であるか自体に気づくのが難しいため，変えようとも思えないのです。第2に「なぜ変えなければならないのか」を説得しなければ人は変えようとしないということがあります。それを大勢の組織でやろうとすると，すごく手間がかかりますよね。第3に，トップ主導でやるのが難しいということです。トップは既存のパラダイムの中で成功を収めたので，その地位に就けているのです。いわば既存のパラダイムとのなじみが最も強いので，変えるのは難しいでしょう。

　第4に，パラダイム転換のためには，新しいパラダイムを導くような具体例が必要なのです。しかしたとえ最高の具体例を使って説明したとしても，古いパラダイムを信じる人にとっては，その具体

例も通用しない場合もあるのです。理科で学んだ「燃焼」ということを考えてみると，あれは物質が酸素と結びつく「酸化」であることを学びましたよね。それ以前には物質には燃える物質「燃素（フロギストン）」が含まれているという，燃素説が信じられていました（Butterfield, 1957参照）。酸化説の証明には，理科の実験でやったように，スチールウールをガスバーナーで燃やして，燃やす前よりも後の方が，結びついた酸素の分だけ重くなっていることを見せればいいでしょう。しかし燃素説を信じる人は「燃素はマイナスの重さを持っている」という主張をして，かえって「自分たちの説が裏づけられた」と喜んだそうです。

　そして第5に，環境が変わっても，古いパラダイムをもとにした対応策は，短期的には通用するということです。伊丹・加護野（2003）で紹介されている事例は，フォード社の事例です。歴史の授業でやったように，フォードは「モデルT」という黒一色の車を大量に生産することで値段を下げ，自動車を大衆に広めました。それに対してゼネラル・モータースは，新しい機能に加え，黒以外の車も生産し，モデルTは時代遅れだというイメージを持たせる戦略，陳腐化戦略を用いました。フォードの売上は減少しますが，モデルTの成功体験から生まれたパラダイムを信奉するフォードは，新技術と大量生産という戦略に固執し，短期的には売上を回復させるものの，長期的に凋落してしまいました。大学の例でいえば，「大学で勉強してなくても，勉強以外で話ができれば就職活動はできる」というパラダイムがそれにあたるかもしれません。少数の成功例を見てそれに固執したり，古いパラダイムを信じる先輩に吹き込まれたりしないようにしたいですね。

5 Argyris & Schön(1978)の研究

　組織学習の理論においてはその初期から，価値観，規範，パラダ

イムの中で学習することと，それら自体を変える学習とを区別することが有効だとされてきました。その代表といえるのが，Argyris & Schön（1978）です。彼らは組織学習を3つのレベルに分けました。彼らはパラダイムの概念は使っていないのですが，わかりやすく整理してお伝えします。

第1に「シングル・ループ学習」です。これは「パラダイム内学習」ともいうことができます。組織内外の環境の中でエラーを修正したり，成果を維持したりしながら，組織の持つパラダイム（彼らは「行為の理論」といっています）を維持していくプロセスで起こるような学習です。

第2に「ダブル・ループ学習」です。これは「パラダイム転換学習」ともいうことができます。問題を解決するために，効果的な成果を規定するような価値観や行動規範，パラダイムの修正を伴うようなプロセスで起こる学習です。シングル・ループ学習とダブル・ループ学習は，図表9-1のようにまとめられます。確かにループが1つ・2つと数えられますね。

そして第3に「二次的学習」です。学習の状況に応じて，どのようにシングル・ループ学習とダブル・ループ学習を使い分けて実行していくのかを学習することです。

Argyris & Schön（1978）は，これらの学習スタイルを用いて，自己防衛的な人材や組織が持つ実際の行為の理論を「モデル1」，変化を歓迎する人材や組織の持つ実際の行為の理論を「モデル2」

図表9-1　シングル・ループ学習とダブル・ループ学習

ダブル・ループ学習

シングル・ループ学習

| 行動の背景にある
価値観・パラダイム | 実際に成果を上げる
ための行動戦略 | 求められる結果 |

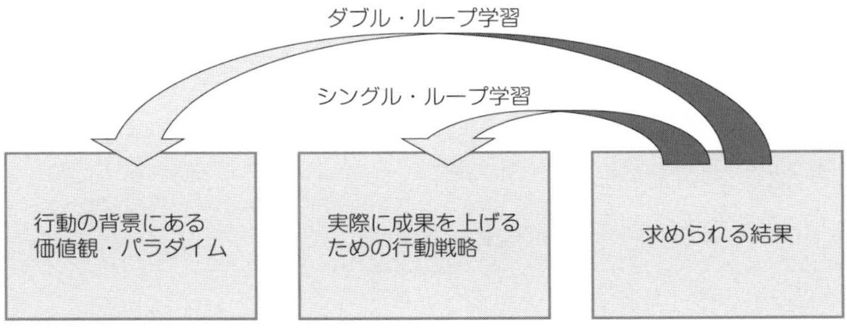

出典：開本（2019）を参考に，筆者作成。

と呼び，この2つのモデルを比較しています。**図表9-2**で2つのモデルを比較すると，モデル2の人材や組織の方が，シングル・ループ学習（パラダイム内学習）とダブル・ループ学習（パラダイム転換学習）を使い分け，変化に適応できることがわかるでしょう。

図表9-2　2つの行動モデル

	モデル1 （自己防衛的な人材や組織）	モデル2 （変化を歓迎する人材や組織）
行動の背景にある方針や目標	・自分の目的を実現する ・勝利の可能性を最大化し，敗北の可能性を最小化する ・否定的な感情を抑制する ・論理を優先し，感情を排除する	・情報の妥当性を重視する ・情報に基づいて自由に選択する ・一度決まったことを守り，実行状況を絶えず監視する ・自分たちを守ってくれる相手を守る
具体的な行動戦略	・状況を統制できる環境を整備する ・仕事を推進・コントロールする ・自分や身内だけを守る ・他人が傷つかないように配慮する	・参加者たちが因果関係を生み出し，成果を享受できるよう努める ・周りと協力して仕事を管理する ・全員で自分たちを守り，成長を目指す
本人や周囲にもたらされる結果	・保身を考えているように見える ・閉ざされた対人・グループ内の関係に終始する ・保身的行動の広がり ・選択の自由や献身が少ない，リスクをとらない	・保身を考えているように見えない ・閉ざされた対人・グループ関係ではない ・学習志向的行動の広がり ・自由な選択，献身，積極的にリスクをとる
学習の結果	・自分の立場を確認する ・シングル・ループ学習にとどまる ・自分たちの理屈を検証しない	・プロセスを検証できる ・ダブル・ループ学習を行う ・自分たちの考え方を検証する
効果	マイナス	プラス

出典：Argyris & Schön（1978）を参考に，筆者作成。

6 加護野(1988)のパラダイム転換理論

　しかしArgyris & Schön（1978），もっといえば組織学習理論全般にいえることかもしれませんが，その理論はやや抽象的で，具体的に組織や成員はどうすればいいのかということがわかりづらいという批判もあります。そこで本章では加護野（1988）に基づいた，パラダイム転換理論をご紹介します。加護野（1988）が提唱するのは組織変革の理論であり，組織学習とはあまりいっていないのですが，パラダイムを転換することを組織学習ととらえるなら，その具体的なプロセスを明らかにしているという意味で，組織学習の理論であるといえます。

　加護野（1988）は企業変革において最も重要なのは，組織成員の意識変革を妨げる古いパラダイムを転換し新しいパラダイムを確立することであるとしています。その上でそのプロセスを，パラダイム転換の4つのプロセスとして具体的に提唱しました。それが「トップによるゆさぶり」→「ミドルによる突出」→「変革の連鎖反応」→「新しいパラダイムの確立」の4段階です。順に見ていきましょう。

(1) トップによる「ゆさぶり」

　第1段階はトップによる「ゆさぶり」です。これはトップの積極的なアクションを通じて，組織の中に様々な問題や矛盾を作り出すことを意味します。そしてその解決の努力の中から新しい発想が生まれてくるのです。たとえばトップによる現状否定や危機感の醸成，新しいビジョンの提示などの行為がそれにあたります。ここで重要なのは，ゆさぶりはトップによって行われ，そのレスポンスを起こすための土壌作りであるということです。この段階で大事なのはまず，そのゆさぶりは企業の中でどれだけの矛盾や問題を引き起こせ

るかということです。トップが行うことで企業全体に矛盾や問題を提起することができます。もう1つは，その問題に打ち勝つだけの心理的なエネルギーを作れるかです。単に大きな危機感を与えるだけだと，従業員のやる気が低下したり，離職を助長させたりするだけです。ゆさぶりと同時に，「この危機を乗り越えて，我が社はこうなりたい」といったゆるやかなビジョンによって，ポジティブなエネルギーを生み出すことも重要なのです。

(2) ミドルによる突出

　第2段階は「ミドルによる突出」です。トップによる「ゆさぶり」から発想の変化を導くのは，現場や市場の情報と，トップの戦略的意図にかんする情報の両方に接触できるミドルの役目なのです。そして一部のミドルが先頭を切って，変化をリードし，体現していくのです。このミドルたちの集団を「突出集団」といいます。彼らは新しい発想や行動様式の中核になるアイディア，それを体現する新事業，商品，サービスを実際に作り出す集団です。単に意見や主張だけでなく，実際のビジネスの中で具体的な形に体現させることが必要なのです。

　この段階はパラダイム転換が成功するための最重要段階であり，重要なポイントもあります。まず最初は突出集団は少人数であることです。たくさんいると妥協しやすくなってうまくいかないのです。次にトップにはこの段階では脇役として，突出集団を陰でサポートすることが求められます。トップの役割はゆさぶりをやって終わりではなく，むしろサポートする存在としてやることがたくさんあります。第1に社内の雑音からの隔離です。企業変革の過程では，「善意のアドバイスが変革を妨げる」という格言もあります。突出をリスキーな行為として諌める人が出てくるのですが，そういう雑音から隔離する，あるいは「周囲はああいってるけど自分の思う通りにやれ」などと励ますことが大事です。第2に集団に異質性を取り込

むことです。機能や事業分野を越えた人々を集結させることで新た
な発想が生まれます。同時に第3に，危機感やタイムリミットを設
けることです。異質性の高い集団は意見がまとまりにくいですが，
危機感やタイムリミットがあることで，その異質集団をまとめるこ
とができます。第4に挑戦的な目標の設定です。変なたとえですが，
1kgダイエットするのと10kg減量するのとの違いです。1kgならサ
ウナにじっくり入れば一時的に達成できますが，それは本当の意味
での減量にならないですよね。しかし10kg減量となれば，小手先
では成功しません。ある程度長期的な計画や，周囲のサポート，投
資も必要でしょう。突出集団も同様に，いい意味で開き直らないと
達成できないような挑戦的な目標を設定することで，企業をパラダ
イム転換に導くような発想が生まれるのです。

(3) 変革の連鎖反応

　第3段階は「変革の連鎖反応」を起こすことです。ただ突出した
だけではただの突出した人，「出る杭」で終わってしまいます。重
要なのは突出集団を核に，変化の渦を巻き起こすこと，変化の連鎖
反応を起こすことで，これはトップの役割です。まずミドル間，部
門間，チーム間に働く集団力学を利用することです。「○○（突出
集団）に負けるな」「××（突出したミドル）に続け」とトップが
扇動することで，連鎖反応の起爆剤になります。1人1人説得する
のではなく，「あいつらだけにいい思いをさせてたまるか」という
集団力学を利用することで，組織を効率よく，パラダイム転換の方
向へ動かすことができます。次に突出集団やそれに続く人に対する
人事・評価です。突出集団を高く評価したり，そのメンバーを他の
事業部に送り込んだりすることです。またたとえ突出集団が失敗し
ても，「方向性は今後の企業にあっている」などと，おとがめなし
にすることも大事です。そして，ゆさぶりや突出の性質に配慮する
ことです。社内の多様な部署と関わっていて，多様な部署で矛盾を

生み出していると，変化の渦も大きくなるでしょう。もちろんこれ
らのトップの働きかけにミドルや現場の社員が呼応することが，最
も重要です。

(4) 新しいパラダイムの確立

　第4段階は「新しいパラダイムの確立」です。これは第3段階と
同時進行で起こる変化です。ミドルレベルでの行動に呼応して，ト
ップレベルで，最初の漠然としたパラダイムの方向性を，具体的な
戦略ビジョンなどに裏打ちされたものにしていくことです。これが
我が社の新しいパラダイムだと，社内に戦略ビジョンの形で提示す
ることです。新しいパラダイムはただミドルの行動を認めるだけで
なく，それをより大きなスケールでふくらますような広がりが必要

**三毛猫株式会社の例：ソマリの「アユミ」のねこ教育事業部における
パラダイム転換プロセス**

(1) トップによる ゆさぶり	ある日事業部長から「このままでは個体数（人間でいう人口）減少の影響で，ねこ教育事業部はなくなるぞ」と訓示を受ける アユミは同僚たちと危機感を共有するが，ピンチをチャンスに変えようと励ましあう
(2) ミドルによる 突出	アユミは新ビジネス検討 PJ を立ち上げ検討し，中高年教育事業を発案，「中高年ねこでも狩りができる」を合い言葉にした，シニア健康教育事業を立ち上げる 健康意識の高い中高年ねこに訴求した運動プログラムと教養プログラムをセットにした事業で，対外的にも話題になる
(3) 変革の連鎖反応	事業部長は PJ メンバーを高く評価し，アユミをはじめとする主要メンバーをリーダーにした新ビジネス PJ を複数設立し，競わせる アユミは新たにメンバーとなった社員を励まし，やり方を踏襲しながら検討，女性の中高年ねこの美しさと健康を目指したヘルシーシニア事業を立ち上げ成功させる
(4) 新しいパラダイムの確立	事業部長は「ねこは一生学んで成長する」を戦略方針として掲げ，子ねこを対象とした事業だけでなく，常に教育的ニーズを探して事業化することをパラダイムとして確立する

出典：筆者作成。

です。それがまたミドルや現場の社員の行動をさらに促進し，やがて「この方向性が今は当たり前」という形で，新しいパラダイムとして確立していくのです。

7 おわりに

　本章では組織のパラダイム転換として，既存の価値観や規範，パラダイムを変える組織学習について見てきました。シングル・ループ学習とダブル・ループ学習の類型からは両者が別の組織学習なんだということがわかりやすく理解できますし，パラダイム転換の4つのプロセスは，具体的にどうすればいいか，実践しやすいですよね。特にパラダイム転換理論は，企業だけでなく，サークル・バイト先・各種団体・部活等の組織学習に利用できます。具体的な問題があると感じている人は，ぜひ利用してみましょう。

▼ トランジションのためのパラダイム転換

　パラダイム転換は組織学習の理論ですが，個人のトランジションにもヒントを与えてくれるかもしれません。今の自分の考えや知識の背後にある世界観や価値観・信念に目を向けてみましょう。会社や大学をこんなふうなところだと思っていた，サークル・バイト先・各種団体・部活をこんなイメージでとらえていた，というようなことです。その違いを理解することが，突破口になるかもしれないですね。そしてどのように考えればいいのか，周囲を見渡してヒントを探してみましょう。

本章のまとめ

- ・パラダイムとは，企業のメンバーが共通に持っている，企業それ自体，企業を取り巻く環境，企業の中で働く人々についてのイメージ（世界観）と，その中での共有された思考様式のことです。
- ・パラダイムは時代にあっていれば共有するメリットがありますが，環境との間にずれが生じると，いろいろ不具合が起きてきます。
- ・加護野（1988）のパラダイム転換の4つのプロセスは，トップによるゆさぶり→ミドルによる突出→変革の連鎖反応→新しいパラダイムの確立の4段階です。

考えてみよう

- ・高校までにしみついている古いパラダイムで，大学生になって変えなければならないもの，変えたものはなんでしょうか。考えてみてください。

おすすめ本

伊丹敬之・加護野忠男（2022）『ゼミナール経営学入門 新装版（第3版）』日本経済新聞出版。

第**10**章

知識創造理論

本章のねらい

　本章では，組織学習の中でも「知識を創造する」という研究について見ていきます。知識を創造するといってもどうすればいいのか，長らく経営学が悩んでいた問題にばっちり答えた研究をじっくり見ていきます。本章を学ぶことで，知識を創造することがどういうことなのかを理解することができます。

ショートコント

マエ：そっか，知識創造モデルってサイクルになってるんですね…。

マツモト：そうやねん。優れたモデルって循環構造になってることが多いんよね。知識創造も１回で終わりじゃなく，何回もできる感じするやん。

フキ：なるほど，やればやるほどいいみたいな。

マツモト：そうそう。ばんばんまわしていこう的なね。

マエ：循環モデル…石臼みたいな感じですかね…。

マツモト：…？

フキ：どしたん急に？

マエ：表出化はメタファーとかで表現した方がいいんですよね？だから石臼かなーって。

マツモト：講義したことを早速実践してくれてうれしいんやけど，知識創造理論はもう完成したモデルになってるから。それをもう１回表現せんでも…。

フキ：石臼ね…。ごりごりまわしたら知識が出てくる感じ？

マツモト：乗っかってきた！

マエ：うん。やとしたら知識はそこから出てくる…そば粉？

フキ：そうやね！　そば粉！　え，これって形式知？

マエ：暗黙知が蕎麦の実やとしたらそば粉は形式知やと思う。あ，まって，そしたら蕎麦の実には戻せんくない…？

フキ：いやいや，そこで水と小麦粉と連結化して，ざるそばにしたら？

マエ：そっか！　他の知識と連結化するんか。であたしらが食べたら…？

２人：内面化！　あははは！

フキ：いけるやん！　このメタファーいける！

マツモト：２人が納得してるんならそれでいいんやけど…。

1 はじめに

　本章では，Nonaka & Takeuchi（1995）の「知識創造理論」を中心に，知識の創造・共有としての組織学習について見ていきます。組織学習はこの世界的に有名になった研究を機に，「組織の中で知識を創造すること」へと変化していきました（松本，2003）。知識創造はイノベーションや組織変革など多様な目的に用いられますが，本章では組織的な学習理論ととらえて，その内容をコンパクトに，見ていこうと思います。

2 知識社会と知識労働者

　経営学において知識の重要性を唱えたのが，ピーター・F・ドラッカーです。Drucker（1993）において，今までの作業は肉体労働が重要であるとされてきたのに対し，これからは知識が企業の競争優位を左右する，知識社会が到来するとしました。そして知識社会においては，知識を活用する労働者，知識労働者（ナレッジ・ワーカー）が主役になると指摘したのです。ドラッカーは「マネジメント」という考え方自体を世に問うた経営学者であるとともに，未来学者でもあります。現に今の社会はドラッカーのいった通り，知識社会になっています。

　しかしその後多くの企業が知識の重要性を指摘してきましたが，では知識はどうやってマネジメントすればいいのか，という問題については，決定的な研究は出てきませんでした。そこに登場したのがNonaka & Takeuchi（1995）の「知識創造理論」です。

3 2つの知識のタイプ：暗黙知と形式知

　Nonaka & Takeuchi（1995）は経営学の研究に哲学（認識論）の知見を援用しています。その哲学研究の代表がPolanyi（1966）です。彼は「われわれは，自分が知っている以上のことを知っている」という言葉を残しています。たとえば自転車に乗れる人は，自分がどうやって自転車に乗っているかを詳しく説明することは難しいでしょう。小さいときにそのやり方を体で覚えているからです。このようにわれわれは，知っていることをすべて言葉にすることはできないとして，そんな言葉にできない知識を暗黙知（tacit knowledge）と呼びました。他方でビジネスにはすでに言葉になっている知識・情報・データも重要ですよね。このような言葉になっている知識を形式知（explicit knowledge）といいます。この2種類の分類をもとに，ビジネスに必要な知識をマネジメントするという発想が生まれたのです。

　もっと詳しく2種類の知識を見てみましょう（**図表10-1**）。暗黙知は個人的なもので，形式化しにくく，他人に伝達して共有することは難しい知識です。主観に基づく洞察，直観，勘などがそれにあたります。それらをすべて正確に言葉にすることは難しいですが，部分的に言葉にすることはできます。

　他方，形式知は言葉や数字で表すことができ，厳密なデータ，科学方程式，明示化された手続き，普遍的な原則などがそれにあたり

図表10-1　形式知と暗黙知の違い

暗黙知	形式知
主観的な知（個人知）	客観的な知（組織知）
経験知（身体）	理性知（精神）
同時的な知（今ここにある知）	順序的な知（過去の知）
アナログな知（実務）	デジタルな知（理論）

出典：Nonaka & Takeuchi（1995）を参考に，筆者作成。

ます。われわれは言葉を用いてたやすく伝達・共有することができるのですが，それはPolanyiがいっているように，われわれの知っていること全体の一部なのです。

Nonaka & Takeuchi（1995）は，形式知と暗黙知の区別が，西洋と日本の「知」の方法論の違いを理解する鍵であるとした上で，「暗黙知と形式知の相互変換」（認識論的次元）が知識創造の基本的な考え方であるとしました。また知識は個人のレベルにとどまらず，そこからより高いレベル，集団レベル，組織レベル，組織間レベルへと，ダイナミックにらせん状に上昇（あるいはその逆へと下降）します（存在論的次元）。このように存在論的次元を行き来しながら行われる，暗黙知と形式知の相互変換，これが知識創造の基本的な考え方です。

4 知識変換の４つのモード

Nonaka & Takeuchi（1995）においては，知識変換は「４つのモード」として表現されています。**図表10-2**の通りです。順番に見ていきます。

図表10-2　知識創造の４つのモード：SECIモデル

出典：Nonaka & Takeuchi（1995）を参考に，筆者作成。

まず個人の暗黙知から集団の暗黙知を創造する「共同化」です。暗黙知を獲得する鍵は共通体験です。サークル・バイト先・各種団体・部活等で，みんなで同じ体験をしたことがありますよね。また誰かの行為を見て学んだり，同じことを一緒に，または別々に行ったりして，知識を共有するのです。この暗黙知が知識創造のベースになります。

　次に暗黙知から形式知を創造する「表出化」です。これは暗黙知を明確なコンセプトに表すプロセス全体で，知識創造の最も大事なところになります。しかし先述の通り暗黙知を無理矢理きっちり言葉にしようとしてもできないですし，しないことが大事です。暗黙知がメタファー，アナロジー，コンセプト，仮説，モデルなどの形をとりながら次第に形式知になっていくのです。そのイメージと表現の不一致やギャップが思考や相互作用を促すのです。関西では大部分の人が，誰かが何か口にしたことに対して反射的に反応する，「つっこみ」の能力を持っていますが，不完全な暗黙知の言語化はその格好の的になり，「こういうことちゃう？」「むしろこうやって」「ちゃうちゃう，ちゃうって」などとよってたかってつっこんでいきます。それを繰り返しながら徐々に具体的なモデルやコンセプトに昇華させていく，そんなイメージでとらえてもいいでしょう。

図表10-3　組織的知識創造のスパイラル

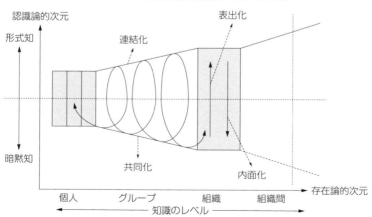

出典：Nonaka & Takeuchi（1995）を参考に，筆者作成。

　次に個別の形式知から体系的な形式知を創造する「連結化」です。これはコンセプトを組み合わせて１つの知識体系を創り出すプロセスであり，技術と知識を組み合わせたり，コンセプトを反映した試作品を作ったりといったように，異なった形式知を組み合わせて新たな形式知を創り出すことです。

　そして最後に形式知から暗黙知を創造する「内面化」です。これは形式知を暗黙知へ体化させるプロセスです。せっかく形式知にしたのになぜまた？と考える人もいるかもしれませんが，よい例が「行動による学習」です。学んだことを実践したりして確認したり，文化になったり，意識しなくてもできるようになっていくようなことがこれにあたります。そしてまた共同化に至るという，サイクルモデルになっているのです。**図表10-2**に表されたこのモデルは共同化（socialization），表出化（externalization），連結化（combination），内面化（internalization）の頭文字をとって，SECIモデルと呼ばれるようになりました。

　そして前述の通り存在論的次元からとらえると，組織的知識創造は個人レベルで生まれた知が，課，部，事業部門，そして企業の枠を超えて上昇・拡大していくスパイラル・プロセスでもあるのです（**図表10-3**）。

5 組織的知識創造を促進する要件

　次にご紹介するのが，組織的知識創造の５つの促進要件です。これらの要件がそろえば，組織での知識創造が活発になるのです。順に説明すると，１つめは「意図」です。知識スパイラルを動かすのは，「目標への思い」と定義される組織の意図です。知識創造を行うことで何を生み出したいのか，何を達成したいのか。それを明確にすることが大事です。２つめは「自律性」です。組織のメンバーには，個人レベルで自由な行動を認めるようにすべきであり，その

自律的な行動が知識創造を前進させます。3つめが「ゆらぎと創造的カオス」です。組織と外部環境との相互作用を刺激するもので，〈ゆらぎ〉は予想が難しい不確実な状況，〈カオス〉は一種の混乱状態で，組織が危機に直面したときには自然に発生するものです。こんな状況に組織が立たされると，克服しようとするモティベーションが生まれます。また，危機感を与えるために，リーダーが挑戦的な目標を示すことによって意図的に創り出されることもあります。それが「創造的カオス」です。前章の「トップによるゆさぶり」にも似ています。4つめが「冗長性」です。これはちょっと理解しづらいのですが，組織全体とその様々な活動や職務にかんした情報を意図的に社員に重複共有させることです。どこかの部署が知っていれば十分な情報を他の部署や成員にも共有するという意味で冗長性というのですが，現場の社員まで細かな情報を共有するというイメージで大丈夫です。そして5つめが「最小有効多様性」です。複雑多様な環境からの挑戦に対応するには，組織は同じ程度の多様性をその内部に持っていなければならないということです。今でいう多様性，ダイバーシティにもつながる観点ですよね。

6 組織的知識創造の ファイブ・フェイズ・モデル

　知識変換の4つのモードと5つの促進要件を見てきたところで，いよいよ具体的に，知識創造をどのように行うかということを見ていきます。Nonaka & Takeuchi（1995）では，組織的知識創造の「ファイブ・フェイズ・モデル」として提唱されています。SECIモデルと混同されやすいのですが，SECIモデルは知識変換の型を表現していて，ファイブ・フェイズ・モデルは組織的な知識創造のモデルを表現しています（**図表10-4**）。

　第1フェイズは「暗黙知の共有」です。個人の暗黙知を組織的暗黙知に変換する工程で，4つのモードでは共同化に相当します。先

述の通り，個人の持つ暗黙知が組織的知識創造の基礎になるのですが，暗黙知であるがゆえに簡単に伝えられないですよね。暗黙知を共有するには，個人が直接対話を通じて相互に作用しあう「場」が必要であるとしています。

第2フェイズは「コンセプトの創造」です。組織的暗黙知を組織的形式知に変換する工程で，表出化に相当します。特に役立つのがメタファーやアナロジーであり，そこからコンセプトの形で形式知化します。

第3フェイズは「コンセプトの正当化」です。新しく創られたコンセプトが，組織や社会にとって本当に価値があるかどうかを決定するプロセスです。この第3フェイズは4つのモードに相当するところがなく，なぜ突然出てくるの？とお考えの人もいるかもしれませんよね。これは知識の「正当化された真なる信念」という定義に由来します。創造されたコンセプトが企業や部門の戦略といった方向性と合致しているか，社会情勢にとって好ましい方向性を持っているかを検証するフェイズになります。

第4フェイズは「原型（アーキタイプ）の構築」です。正当化されたコンセプトを，目に見える具体的なもの（原型）に変換するプ

図表10-4　組織的知識創造のファイブ・フェイズ・モデル

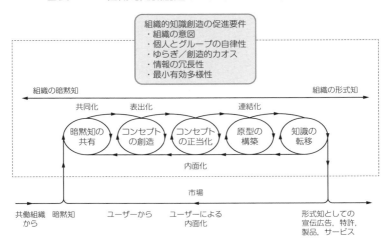

出典：Nonaka & Takeuchi（1995）を参考に，筆者作成。

ロセスで，連結化に相当します。原型は試作品や模型，あるいは試行的なサービスなどの形になります。

そして第5フェイズは「知識の転移」です。第4フェイズまでを経て完成した新しいコンセプトは，別の存在論的次元で知識創造の新たなサイクルを始めるのです。他部署や事業部門，企業全体に広がっていく形です。

図表10-4のようにファイブ・フェイズ・モデルは1→5へと一直線に進むだけでなく，うまくいかなければまた1に戻ることもできますし，とりあえず最初のサイクルは第4フェイズまで行って，また次のサイクルでは1から始める，といったように用いることもできます。

三毛猫株式会社の例：エジプシャンマウの「ワタル」の組織的知識創造

#	暗黙知の共有	コンセプトの創造	コンセプトの正当化	原型の構築	知識の転移
1	バストイレ事業部でねこがお風呂嫌いというエピソードを共有	ねこの足湯ができる自動たらいのコンセプトを創造	会社のグランドコンセプト「すべてのねこに快適を」に合致	試作品を作るも立ったまま入るのがしんどいため失敗	(→第2サイクルへ)
2	みんなで足湯をしてみると，ごろごろしたまま入るのが一番楽だという感想	ごろ寝したままで足をちょっとだけお湯につけるという形にすることに	会社のグランドコンセプト「すべてのねこに快適を」に合致	試作品の評判は上々，あとはコスト面の問題を解決する必要がある	(→第3サイクルへ)
3	ワタルの家族から，お風呂の電気代がかかるんじゃないかと懸念される	お湯は自分で入れることにし，保温だけにすれば電気代はそんなにかからない	会社のグランドコンセプト「すべてのねこに快適を」に合致	保温機能に加え，お湯の量も節約できる形に設計しなおしてコスト削減	商品化＆大ヒット，ねこの快適お風呂製品という横展開が行われることに

出典：筆者作成。

7 組織的知識創造の環境整備

　これまでのように知識創造理論について説明したところで，Nonaka & Takeuchi（1995）は知識創造が円滑に行われる環境とはどのようなものかについて考察し，ふさわしい環境について提唱しています。

　まずは意思決定方式です。トップダウン方式とボトムアップ方式を比較し，双方を補完する形で新しい意思決定方式として，「ミドルアップダウン・マネジメント」を提唱しています。知識はミドル・マネジャーによって，トップと第一線社員を巻き込んで創られるとし，**図表10-5**のようにトップ・ミドル・第一線社員に対して知識創造の担当者としての新しい呼称を用いた「ナレッジ・クリエイティング・クルー」を提唱しています。

　次に組織構造です。官僚制組織とタスクフォースを比較し，両者を補完する新しい組織構造，「ハイパーテキスト型組織」を提唱しています。これは相互に結びついた３つのレイヤー，すなわち官僚制組織を反映したビジネス・システム・レイヤー，プロジェクト・チーム・レイヤー，および目に見えないが利用できる文化や習慣といった，第８章の組織記憶のようなイメージの知識ベース・レイヤーから成っている，三層構造の組織構造を提唱しています。

　次に製品開発プロセスです。前の工程が終わってから次の工程が始まる「リレー方式」と，前の工程が終わる前から次の工程が動き出している「ラグビー方式」のいいところを併せ持った，「アメリカンフットボール方式」を提唱しています。日本の方式を「ラグビー方式」，西洋の方式を「リレー方式」とすると，「アメリカンフットボール方式」はしっかりした事前のプランニングをもとに，始まったらすべてのプロセスが同時に動き出すイメージで，短いリード・タイムと質の高い製品開発を同時に達成できるとしています。

そしてグローバルな知識創造です。西洋の形式知重視のマネジメントと，東洋の暗黙知重視のマネジメントはお互い対立することが多いのですが，両者を折り合わせるマネジメントを提唱しています。日本型の強みは合同会議のような共同化の効果的使用とラグビースタイルの製品開発などの自己組織チームであるのに対して，アメリカ型の強みは「Why ？」のくり返し，より詳細な設計図面，標準作業マニュアルなどの形をとった表出化であり，また，コスト・モニタリング・システムなどを生んだ連結化であるとし，両者の強みをいかしたマネジメントスタイルを提唱しているのです。

　これらの環境整備に代表されるように，また形式知 vs. 暗黙知と

図表10-5　ナレッジ・クリエイティング・クルー

従来の呼称	ナレッジ・クリエイティング・クルーの呼称	
ロアー	ナレッジ・プラクティショナー	ナレッジ・オペレーター
		ナレッジ・スペシャリスト
ミドル	ナレッジ・エンジニア	
トップ	ナレッジ・オフィサー	

出典：Nonaka & Takeuchi（1995）を参考に，筆者作成。

図表10-6　ハイパーテキスト型組織

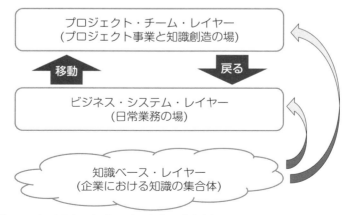

出典：Nonaka & Takeuchi（1995）を参考に，筆者作成。

いう最初の問題設定のように，Nonaka & Takeuchi（1995）は，いろいろな二項対立（ダイコトミー）を乗り越え，A vs. Bから統合してCを生み出す重要性を指摘しているのです。

8 おわりに

　本章ではNonaka & Takeuchi（1995）の「知識創造理論」を中心に，組織学習の「知識を創造する」というタイプについて見てきました。豊富な事例研究をもとに，知識をどのように変換し，組織的にどのように知識創造をすればいいのかについて，詳しく説明しています。みなさんの会社，あるいはサークル・バイト先・各種団体・部活等で，一度やってみるといいかもしれませんね。

▼ トランジションのための知識創造

　トランジションの際に，みなさんのこれまでの人生で蓄積した暗黙知を，形式知にしてみる，言語化してみるというのは突破口になるかもしれないですね。できたらお友達と一緒にやるのがいいですが，1人でも大丈夫です。言葉にしにくいことも，メタファーやアナロジーを使って，なんとなく言葉にするところから始めましょう。その際は今の自分にとっていい考え方なのかを正当化すること，既存の知識と連結化することも忘れないでください。方針が決まったら，あとは行動による学習のみです。

・Drucker（1993）は，知識が企業の競争優位を左右する知識社会が到来するとし，そこにおいては知識を活用する労働者，知識労働者（ナレッジ・ワーカー）が主役になると指摘しました。

・Polanyi（1966）は知識を，言葉にできない知識を暗黙知（tacit knowledge），すでに言葉になっている知識・情報・データを形式知（explicit knowledge）といって区別しました。

・Nonaka & Takeuchi（1995）においては，知識変換は「4つのモード」として表現され，共同化，表出化，連結化，内面化からなるプロセスの循環モデルは，SECIモデルと呼ばれるようになりました。

・組織的知識創造のファイブ・フェイズ・モデルは，暗黙知の共有，コンセプトの創造，コンセプトの正当化，原型（アーキタイプ）の構築，知識の転移からなる5つのフェイズを通して知識創造を行うモデルです。

考えてみよう

・みなさんで知識創造をした記憶はありますか。思い出してみましょう。

おすすめ本

野中郁次郎・竹内弘高（梅本勝博訳）（2020）『知識創造企業（新装版）』東洋経済新報社。

第11章

学習する組織

本章のねらい

本章では,「学習する組織」の理論について見ていきます。前章まで「組織学習」の理論だったのにと混乱しそうですが,現場で何をすればいいのかというトピックと考えてください。本章を学ぶことで,学習する組織をどのように作るか,現場は何をすればいいのかについて,理解することができます。

ショートコント

ナギサ：先生，今回は「学習する組織」の理論なんですか？　組織学習論の中の「学習する組織」ってこと？

マツモト：そう。具体的な方法を考えるのが特徴なんよ。

ナギサ：え，めっちゃまぎらわしいです！

マツモト：率直！　しょうがないやろ。センゲにいうてや。

アリサ：「動物園」と「園の動物たち」が別です，みたいにいってるようなもんでしょ？

マツモト：確かに。「プロ野球チーム」と「野球するプロ選手」が別です，みたいにいうてるようなもんやな。

ナギサ：先生は，海鮮丼と海鮮定食は両方メニューにあった方がいいと思う派ですか？　あたしは海鮮丼があればいい派です！

マツモト：海鮮はそうかもしれんけど，焼き肉と焼き肉定食やったらどう思う？　焼き肉定食は焼くのがめんどいからもう焼いて持ってきて，みたいな人にいいし，焼き肉は自分でいろんな肉焼いて食べたい，みたいな人にいいんちゃう？

アリサ：あー！　すごいいい例に思える！　なんか悔しい！

マツモト：そうやろ？　このあらかじめ完成している焼き肉定食に対する，自分でいろんな肉焼いて食べたいっていう実践性が，組織学習論に対する，「学習する組織」の理論が求められた背景といってもいいな。

ナギサ：…改めて説明されると，やっぱり違くないですか？

アリサ：思ったあたしも！

マツモト：うん違うな。とりあえず焼き肉は関係ないな。

アリサ：センゲに聞いてみてくださいよ。「焼き肉する組織」じゃだめやったんかって。

マツモト：なんでやねん。センゲはヤキニクわからんやろ。

ナギサ：なんか焼き肉食べたくなってきたね。

アリサ：うん，結局その気持ちだけが残った。

1 はじめに

　本章では「学習する組織」の理論について見ていきます。「組織学習論」と「学習する組織」，確かにまぎらわしいですががまんしてください。「学習する組織（learning organization）」研究というのは，組織学習論が「組織はどのように学習するのか」の理論的な探究が中心であるのに対し，学習する組織は現場実践の立場から，「組織はどのように学習するべきなのか」という具体的な方法を考えるのが特徴です。本章ではSenge（1990）を中心に，現場で何をすれば組織は「学習する組織」になるのか，という観点から説明していきます。一般的には学習する組織といえばSenge（1990）になりますが，他にも有用な研究はあるので，それらをひとまとめにして「学習する組織」研究としたいと思います。

2 Garvin（2001）の学習する組織

　Garvin（2001）は，学習する組織について定義しています。それは，「学習する組織とは，知識を創出・取得・解釈・伝達・保持するスキルを持ち，また新たな知識や洞察を反映させるよう意図的に行動を修正していくスキルを持った組織」であるとしています。そう，Garvin（2001）は知識創造を学習する組織の基盤に据えているんですね。彼は，学習に費やされる時間が「非生産的な必要悪」だと考えるマネジャーはあまりにも多いとして，その先入観が組織の学習を妨げる遠因になっていると考えています。その上でGarvin（2001）は，学習における3つの手法，情報収集，経験からの学習，および実験が実行できる組織を学習する組織と考えているのです。

　最初の情報収集活動については，その方法を検索・照会・観察の3つの方法に分類しています。検索は外部の情報だけでなく，すで

に内部に蓄積されている情報へのアクセスについても，多様な情報源をたどっていくべきであるとしています。次の情報照会については情報のニーズがはっきりしている場合の描写型と，それで対応できない新規のニーズを掘り起こし発見を導く診察型の２つの形式があり，質問のスキル，および注意深く話を聞くことの重要性を指摘しています。観察はおもに暗黙知のレベルでしか保存されていない場合，直接的な観察を有効な学習の手段であるとし，それには受動的観察と参加型観察の２つのパターンがあるとしています。

次は経験からの学習です。これは第３章の経験学習論でもふれていますが，Garvin（2001）は初心者が多様な経験から学ぶことは重要だが，それには予備知識が必要という学習のジレンマが存在すると指摘します。その上で彼は，経験から学習する方法は同じ仕事を反復して習熟する「繰り返し」と，これまでにない新しい領域に踏み込むことで習熟する「露出」という２つの方法によって，理解の幅を広げていくことであるとしているのです。

３つめは実験です。他の学習アプローチが役に立たないような，既存の知識では判断がつかないような場合に，実験を行うことが求められ，新たな発見を導くような実地踏査実験と，既存の仮説や知識を確認することを主眼におく仮説検証実験の２つの方法があるとしています。

その上でGarvin（2001）が指摘するのが「学習のためのリーダーシップ」です。組織学習におけるリーダーの役割は，「教育」でなく「学習のリーダーシップ」であるとしています。学習を進めるリーダーの役割と注意点についても議論されており，学習の場における適切な雰囲気作りや，議論や新しい発想につながるような学習プロセスに対する適切な介入などが重要であるとしています。そして最後にGarvin（2001）は，学習する組織を育てるためには，リーダーが学習者としての自分自身のスキルを磨く必要があるとし，組織学習を進めるためのリーダーのスキル構築の重要性を指摘しています。

Garvin（2001）の「学習する組織」論においては，まず明確な定義を提示していることが評価されるべき点です。

3 Senge(1990)の学習する組織

次に見ていくのは，「学習する組織」の大本命，Senge（1990）についてです。批判を恐れずに最初にいうならば，Senge（1990）は，彼のいう5つのディシプリン（原則）を実行することで，組織は「学習する組織」になれる，ということをいっています。5つのディシプリンはとても大事なので，しっかり理解していきましょう。

Senge（1990）はまず，組織が学習できないのは，人は物事の相互関係に沿った行動をとってしまうからであるとしています。どんな事情も細かな事項のつながりが理由となって起きていて，いわばどうしようもなくそうなっている，ということになっているのです。その上で学習する組織はこのような物事の相互関係に目を向け，変更したり新しい関係を生み出したりできる組織であるとしているのです。そしてそれは先述の通り，5つのディシプリン（discipline）を習得することによって達成されます。この場合ディシプリンは行動原則であり，実践によって体得できるスキルでもあるのです。それでは5つのディシプリンについて順に見ていきます。

(1) システム思考（system thinking）

システム思考は5つのディシプリンの中でも最重要のものです。それは物事の相互関係の全体を明らかにして，それを効果的に変える方法を見つける方法論であるとしています。具体的には相互関係の流れをいくつかのパターンで把握し，行き詰まっている部分と阻害する要因を見つけ，解決策を見つけ出す，というやり方です。

Senge（1990）はシステム思考の本質は「意識の変容（shift of mind）」にあるとします。それは「線形の因果関係の連なりよりも，

相互関係」「スナップショットよりも，変化のプロセス」に目を向けることで，先述の構造を見極める基礎になるとしています。その見方としてSenge（1990）は，因果関係をサイクル状のフィードバック・プロセスととらえ，プレーヤーもその一部と考えること，フィードバック・プロセスには自己強化型（reinforcing feedback）とバランス型（balancing feedback）があること，そしてフィードバック・プロセスの中には行動と結果との間に遅れ（delays）があることを指摘し，このような用語（システム言語）を用いて，構造のパターンを理解していくことを提唱しているのです。ちょっとわかりづらいですが，例で理解してください。

たとえばSenge（1990）は2つのフィードバック・プロセスと遅れという要素から成る代表的な2つのシステム原型，すなわち「成長の限界（limits to growth）」と「問題のすり替わり（shifting the burden）」を提示し，その構造と問題解決のための指針について議論しています。基本的なシステム原型を理解することで，実際のビジネスにおける事象も，その背後にある構造を含めて理解し，どこに遅れが生じていて，どのような解決策があるかを考えることができるのです。本当は企業の業績が悪くなる原因を考えるときに使いますが，ちょっと強引ですが今回は，ダイエットがうまくいかない理由で考えてみようと思います。

まずはシステム思考の「成長の限界」パターンです。**図表11-1**のように真ん中に問題状況があるとして，組織もその状況をなんとかしようとしているのです。それが「成長させる行動」なのですが，同時に組織は問題状況を「減速させる行動」も合わせてとっていま

図表11-1　システム思考の「成長の限界」パターン

出典：Senge（1990）を参考に，筆者作成。

す。それは「制約条件」によって仕方なくとっているのです。したがって解決すべきは減速させる行動をやめるだけでなく，その背後にある制約条件を見つけ，解決する必要があるのです。

このパターンに例として問題状況を当てはめて，職場で問題になっている社員のダイエットがうまくいかない問題を考えてみましょう（**図表11-2**）。この状況において，やはり誰でも「健康になりたい」という気持ちで行動しますよね。しかしなぜか「暴飲暴食」してしまい，結局「ダイエット失敗」になってしまうということになります。そしてもちろん解決策は暴飲暴食をやめればいいのですが，その背景にどんな「制約条件」があるかを考えてみることが，パターンに当てはめてみることで示唆されます。この場合，「職場内関係を維持したい気持ち」があって，週に何回か同僚と食事に行ったり飲みに行ったりした結果，暴飲暴食してしまうのです。したがって解決策としては，職場内関係を維持するために，飲み会以外の方法をとることです。休日にスポーツをしたり，旅行に行ってたくさん歩いたりすることで，暴飲暴食を防ぐことができるでしょう。

次にもう１つの，システム思考の「問題のすり替わり」パターンについて考えてみましょう。**図表11-3**において「問題の症状」について，「根本的な解決策」があるにもかかわらず，つい「対処療法的な解決策」をとってしまいます。それによって「副作用」が発生し，根本的な解決策に「遅れ」が生じてしまう，というパターンです。

図表11-2　三毛猫株式会社の例：ノルウェージャンフォレストキャットの「フタバ」の家電事業部で，社員のダイエットがうまくいかない問題

→フタバの提案した解決策：事業部内運動会を提案。バレーボール，ドッジボール，しっぽとり，本気リレーのフルコースを実施した結果，全員が運動不足を痛感。ダイエットに励むとともに，事業部内の相互理解も進んだ。

出典：筆者作成。

このパターンに例として問題状況を当てはめて，新製品の販売促進がうまくいかないという問題を考えてみましょう（**図表11-4**）。新製品の販売促進のためには「きれいに型落ち品を回収する」という根本的な解決策をとることが有効だということは理解しています。しかし対処療法的な解決策として，「商品入れ替えによる売上ダウンを回避する」という行動をとってしまいます。その結果「なんだかんだで型落ち品も回収せず流通させている」という副作用が生じ，それが根本的な解決策に対して「遅れ」を生じさせている，というパターンとして理解できます。ここから型落ち品は回収するか，期間限定のバーゲンで売り切ってしまい，一定の売上を確保してから新製品だけを市場に流通させる，という解決策が考えられます。

　2つの例はあくまで例ですので，システム思考のパターンを用い

図表11-3　システム思考の「問題のすり替わり」パターン

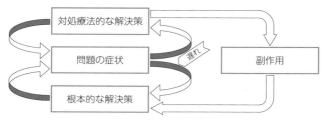

出典：Senge（1990）を参考に，筆者作成。

図表11-4　三毛猫株式会社の例：ノルウェージャンフォレストキャットの「フタバ」の家電事業部で，新製品の販売促進がうまくいかない問題

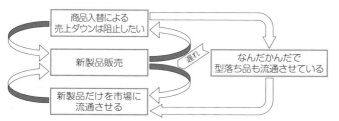

→フタバの提案した解決策：型落ち品はオンラインショップのタイムセールで売り切ってしまう。新製品のドライヤーは毛並みがよくなることを訴求するとともに，大手ホテルチェーンに営業をかけていっぺんに導入してもらうことで，Win-Winの関係を作った。

出典：筆者作成。

た相互関係の把握と解決ということについて，理解を進めてもらえ
ればと思います。

（2）自己練達（personal mastery）

2つめのディシプリンの自己練達は，仕事だけでなく人生全体を
豊かにするために自己を高める（mastery：練達）ことです。たん
なる「個人学習」ではないところが大きなポイントです。Senge
（1990）は自己練達を「個人の成長と学習のディシプリンを指す表
現」であるとしており，学習という言葉も「知識を増やすという意
味ではなく，人生で本当に望んでいる結果を出す能力を伸ばすとい
う意味」であるとしています。そして自己練達にとって重要なのは，
図表11-5にあるように，ビジョン（ありたい姿）と現実（今の自分）
とを対置させたときに生じる「創造的緊張（creative tension）」で
す。この創造的緊張をどう生み出し，どう維持するかが自己練達の
本質に関わるものです。その上で個人のビジョン（ゴールや目標で
はなく）を，究極的に本質的な欲求に焦点を合わせて理解すること，
それに合わせて現実の自分を正確に把握すること，そしてその間に
生じる創造的緊張を維持し，自己練達に反映させることが重要であ
るとしているのです。ビジョンと現実を対置させる考え方は，簡便
な方法として，as-is（今の状態）とto-be（こうなりたいという理想）
という形で使われていることもありますが，自己練達に通じる考え
方です。そして創造的緊張の大事なところは，今の現実に自分を据
え置いている要因を見つけ出すことです。自分に対するネガティブ

図表11-5　自己練達における創造的緊張（creative tension）

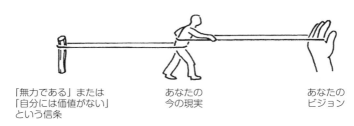

「無力である」または　　　　あなたの　　　　　　　あなたの
「自分には価値がない」　　　今の現実　　　　　　　ビジョン
という信条

出典：Senge（1990）を参考に，筆者作成。

な信念の他に，ちょっとした思い込みもあるかもしれません。それを見つけ出すことです。たとえばビジョンが「将来は海外で活躍できるビジネスパーソンになりたい」だとして，現実は「海外に行けていない」だとします。その間の緊張を維持することが大事ですが，他方で海外に行けていない理由は，「日本の生活も楽しい」という思い込みかもしれないですよね。それを振り切ってビジョンの方に踏み出せるかを考えることが大事です。

(3) メンタル・モデル (mental models)

　3つめのディシプリンはメンタル・モデルです。これは私たちがどのように世界を理解し，どのように行動するかに影響を及ぼす，深くしみこんだ前提，一般概念，あるいは想像やイメージです。第9章で示したパラダイムとよく似ている概念です。そしてメンタル・モデルと実際の行動とのずれが，学習や変化の可能性をもたらすとしています。メンタル・モデルはシステム思考によって学習・変化させる「対象」であり，行動を導く「前提」でもあります。そのマネジメントについてはSenge (1990) はツール，インフラ，文化によって絶えずメンタル・モデルを意識しながら，システム思考によって学習していくとしているのです。

(4) 共有ビジョン (shared vision)

　4つめは共有ビジョンです。これは組織中のあらゆる人々が思い描くイメージであり，組織に浸透する共通性の意識を生み出し，多様な活動に一貫性を与えます。また学習する組織を実現するためにも共有ビジョンは重要であるといいます。達成すべき目標へと引っ張る力が自己マスタリーでも不可欠であり，それと現実との格差が学習の原動力になるとしています。

(5) チーム学習（team learning）

　5つめはチーム学習です。これが誤解されがちなのですが，いわゆるチームで学習することではなく，この場合は，メンバーが心から望む結果を出せるようにチームの能力をそろえ，伸ばしていくプロセスです。重要なのはメンバーの持つエネルギーの方向性が一致している「合致（alignment）」という現象であるとしています。組織の中で意見があわなくて，違う方向を見ているメンバーもいるかもしれませんよね。全員が同じ方向を見るために調整する行動です。そこには「ダイアログ（dialogue）」と「ディスカッション（discussion）」という2つの対話が必要であるとしています。ディスカッションが議論によって互いの意見を戦わせるようなタイプの対話であるのに対し，ダイアログは互いの思考にある非一貫性を明らかにし，一貫性を作り出していくような対話になります。これによって振り返りと探究のスキルを発揮し，メンタル・モデルを確認したり，共有ビジョンを作り上げたりすることができるのです。

　Senge（1990）は組織学習論がそれまであいまいにしてきた，「学習主体としての個人」に焦点を当て，それを念頭に「学習する組織とは何ができる組織なのか」という問題に正面から取り組んでいます。そして「システム思考」「自己練達」「メンタル・モデル」「共有ビジョン」「チーム学習」の5つのディシプリンという形で明快に目指すべき組織の姿，また個々の組織メンバーのやるべきことについて指摘しているのです。とても実践的で，グループワーク等にも使いやすいです。

4 Kline & Saunders(1993)の学習する組織

　最後にご紹介するのが，Kline & Saunders（1993）の学習する組織論ですが，彼らの理論は，学習する組織の構築に向けた10のステ

ップ，という形でまとめられています。それは，以下のようなステ
ップです。

（1）組織の学習レベルを評価する…何がうまくいっていて，何が
　　　欠けているかをしっかり見極めること
（2）ポジティブ思考を奨励する…目の前の現実を新たな視点で見
　　　つめ直し，様々な事実の中からポジティブなものを拾い上げ，
　　　ネガティブなものを後方へ押しやる
（3）考えることを認める職場作り…すべての社員がよりよいパフォーマンスを実現しようとする風土，品質管理や継続的改善
　　　をはじめとして，今日の企業が目指すべき様々なゴールの達
　　　成に必要な姿勢やモティベーションが，すべての社員に備わ
　　　っているような風土を作り上げること
（4）リスクテイキングを評価する…不確実性や変革に対するリス
　　　クを適切に評価し，適切なリスクを理解すること，リスクや
　　　失敗を許容しそこから学ぶこと
（5）互いの資源となる手助けをする…人々を職務の担当者として
　　　ではなく資源として見ること：組織メンバーが変わったこと
　　　をする自由を与えられながら，かつ基盤となる共通の目的意
　　　識と方向性をしっかり持って，それぞれ独自の貢献をするこ
　　　とができる状態を作り上げるため，お互いの個性を互いに尊
　　　重しあうこと
（6）学習のパワーを仕事にいかす…学習を妨げる3つの学習の壁
　　　（learning barrier）を破る
　　　・学習する意味を理解できない「論理の壁（logical barrier）」
　　　・倫理的に受け入れられない「倫理の壁（ethical barrier）」
　　　・直感的な「気持ちの壁（feeling barrier）」
（7）ビジョンを描く…これまでのステップで得られたポジティブ
　　　な自己認識を，共有できるビジョンに結びつけ，相乗効果を

生み出すようなグループ学習を実現すること

（8）ビジョンを生きたものにする…学習したことやビジョンを身体的活動を通じて理解

（9）システムをつなぐ…これまでの活動とシステム思考を結びつけること

（10）ショーを始める…これまで得られたことを1つにまとめるため，行動の拠り所となる指針としてのイメージ，「ガイディング・メタファー（guiding metaphor）」を作り出すこと

　Kline & Saunders（1993）の10ステップによる学習する組織の構築は，子どもの潜在能力を信じ，学習促進のための環境と学習者の主体性を重視した学習活動である統合学習の考え方に依拠しています。そのためのツールとしての活動プログラムも独創的ですが，Kline & Saunders（1993）の考え方は，学習する組織をどうとらえ，どのように構築するかという問題においてとても明快です。つまり個々人の学習を促進し，合わせて組織の学習したことが貯蔵され，なおかつ学習活動をリードする文化の構築を強調しているのです。

5 おわりに：第3部に向けて

　本章では学習する組織論について見てきました。組織学習論が「組織が学習する方法」を考えるのに対し，学習する組織は「学習する組織を作るために何をすべきか」という観点から，実践的な方法論を提示しているのです。そして組織が学習することで成果を上げたり環境適応できたりするという考えです。

　第2部では組織の学習について多様な理論を紹介してきましたが，第8章の最初に，組織学習の4つの類型をまとめる際，組織学習の5W1Hについて議論しました。組織学習は，組織あるいはその成員が（Who），長期的な適応のため（Why），行動を変容することで

（What）あり，その方法として（How），いろいろな方法論がありました。残り２つのうち，Whenは仕事時間内・あるいは時間外という考えでいいと思います。あと１つ，検討していないこと，それは個人はどこで学習するのか？（Where）という考え方です。実は組織学習および学習する組織は，その組織において学習することが決まっています。他方個人は，組織で学習してもいいですが，組織じゃないところで学習してもいいはずです。また１人ぼっちで個人で学習するだけでもないのです。この点をもっと突き詰めていくと，実は個人が学習する場所についてもう１つの考え方がうかんできます。それは学習の「第３の場所」共同体の学習，ということなのです。

▼ トランジションのための学習する組織

　　ここではSenge（1990）の学習する組織を考えてみましょう。まず問題状況や困難に対して，システム思考でパターンを考え，相互関係の把握に努めましょう。客観的な意見ももらいながら，気がついていない要因を把握することで，打開策を見つけましょう。もう１つは自己練達についてです。as-is分析でもいいのですが，創造的緊張の意図するところは，理想の自分になるのを妨げている信念や価値観を見つけ出すことです。それがわかれば，トランジションを乗り越えるヒントが得られるかもしれません。

本章のまとめ

・学習する組織は現場実践の立場から，「組織はどのように学習するべきなのか」という具体的な方法を考えるのが特徴です。

・学習する組織とは，知識を創出・取得・解釈・伝達・保持するスキルを持ち，また新たな知識や洞察を反映させるよう意図的に行動を修正していくスキルを持った組織です。

・Senge（1990）は学習する組織を作るには，システム思考，自己練達，メンタル・モデル，共有ビジョン，チーム学習という5つのディシプリン（discipline）を習得することによって達成されるとしています。

考えてみよう

・みなさんの成長における「創造的緊張」がどのようになっているか，考えてみてください。成長のビジョンと，みなさんの成長を妨げているものがあるとしたら，それは何ですか。

おすすめ本

Senge, P.M. (1990) *The fifth discipline: The art & practice of the learning organization.* Doubleday/Currency.（枝廣淳子・小田理一郎・中小路佳代子訳［2011］『学習する組織：システム思考で未来を創造する』英治出版）

第 **12** 章

インストラクショナル
デザイン

本章のねらい

　本章では，「研修の作り方」について学んでいきま
す。効果的な研修を作る方法として，「インストラク
ショナルデザイン」の諸理論を応用することを学んで
いきます。本章を学ぶことで，インストラクショナル
デザインに基づいた効果的な研修の作り方を理解する
ことができます。研修も講義も，おもしろくてために
なる方がいいですよね。

ショートコント

ケイスケ：先生，IDって結構いいこといってますね！

クウガ：いやまじで感心しました。効果的な研修ね。なるほど。

マツモト：そらよかったわ。企業では効果的な研修を工夫することがいくらでもできるから。工夫しがいがあると考えて，いい研修を実施したいよな。

ケイスケ：ていうか，大学の先生にもID学んでほしいっす。

マツモト：それかー。いわれると思ったわ。

クウガ：しゃれにならんレベルでやばい講義あるらしいんすよ。

マツモト：小説でもそういう例あるからな（筒井，2000参照）。でももちろん講義にも使えるよ。もともと学校の授業のための理論なんやからな。僕も気にしてやってるよ。

ケイスケ：ところで都市伝説みたいな感じで，大学の先生はレポートの採点，紙飛行機飛ばしてやってるってホントですか？

クウガ：あるよなそういうの。レポート紙飛行機にして，飛んだ距離で決めるってやつやろ？

マツモト：そんなん採点する立場で考えればすぐわかるやろ。たとえば受講生が500人いたら，全部プリントアウトして紙飛行機折らなあかんのやで？　これだけで2日はかかるな。

ケイスケ：そっか。まじ重労働っすね。

マツモト：それを飛ばすとして，合否じゃなくて点つけなあかんのやから，距離測らなあかんやん。飛ばして，測定して，記録してを500回やらなあかんのやで。これでまた2日な。

クウガ：それはエグいっすね…。

マツモト：しかもこれって誰かに見つかったらクビやから，絶対知られないように秘密裏に実行せなあかんし証拠も残されへん。いろいろ全部考えたら，絶対普通に採点する方がいいって。

ケイスケ：すんごい理路整然と説明された…。笑

クウガ：こんなの事前に考えてたんやな先生…。笑

1 はじめに

　この章で学ぶのは「研修の作り方」です。みなさんには経験がないことを祈りたいですが，たまに大学でも「圧倒的におもしろくないな」というような講義の噂，聞いたことはないですか？　もし企業の研修がそんなだと大変ですし，むしろ企業だからこそ，本当に役立って，なおかつ受講者が意欲的に取り組める研修を作らなければならないのです。本章ではそんな研修作りに役立つ理論を紹介します。

　ちなみにこの章から第3部，共同体の学習に入っているのですが，本格的にコミュニティについて学ぶのは次章からです。しかし研修をいい学びのコミュニティ作りにも役立てることが大事なんですよ。

2 インストラクショナルデザイン

　インストラクショナルデザイン（Instructional Design: ID）は，教育を効果的・効率的に設計・実施するための方法論です。研修はなんとなくやっていると，その効果が感じられなかったり，参加者の満足を得られなかったりするのです。インストラクショナルデザインの理論に基づいて研修を設計することで，その効果を高めたり，参加者の意欲を引き出すようにできるのです。

　IDの具体的な内容に入る前に，伊丹・加護野（2003）は，研修の機能・意義についてわかりやすくまとめています。まず研修の機能ですが，第1に業務知識の伝達です。OJTに対して，まとまった知識を効率よく伝達できるのです。これは第2章でやりましたね。第2に人的ネットワークの形成です。研修で一緒になった人と人脈が形成できるというのは，特に入社したばかりのときには有効ですよね。そして第3に，参加すること自体のインセンティブです。ちょっとわかりにくいかもしれませんが，役職研修や選抜研修といっ

た種類の研修は，「管理職になったから受けられる」「選ばれたから受けられる」という性質を持ち，あれを受けるためにがんばろうといったやる気を引き出す効果があるのです。

次に研修の意義ですが，こちらはちょっと農作業のたとえで表現しています。第1に「芽を出す」です。能力が開花していない人が，研修の場の刺激によって芽を出すこともあります。大学時代がんばって培った積極性が，営業研修でこの仕事に使えそう！と思うような感じです。第2に「種をまく」です。受講当時は意識しないかもしれないですが，あとで芽を出すこともあります。ちなみに大学の講義はすべてこの「種をまく」ことだといえます。第3に「畑をきれいにする」です。漠然と考えていたことが，大きな枠組みの中で整理されることがあります。営業の現場で培った経験を，経営学の理論に当てはめて，納得するというような感じです。

3 やる気が出るような研修を考える

受講者がやる気100%でいつでも研修を受けてくれるわけではないと思います。だからといって受けるのが当然だという姿勢ではなく，やる気が出るような研修を考えることが必要です。そのための理論がARCSモデル（Keller, 2010）です。これは注意，関連性，自信，満足の4段階でやる気にさせる研修を考えるという考え方です。

第1段階は注意（attention）で，学習者の関心を獲得し，学ぶ好奇心を刺激すること，学習者に「おもしろそう！」と思わせることです。知覚的喚起（キャッチーな例や動画を見せたりして感覚的に興味を引くこと），探究心の喚起，注意の維持（変化性）がポイントになります。

第2段階は関連性（relevance）で，学習者の肯定的な態度に作用する個人的ニーズやゴールを満たす，学習者に「やりがいがありそう！」と思わせることです。目的指向性（ニーズを知りそれを満

たせるか考えること），役立ちそうだという動機との一致，研修への親しみやすさを感じてもらうことが大事です。

第3段階は自信（confidence）で，学習者が成功できること，また，成功は自分たちの工夫次第であることを確信・実感するための手助けをする，学習者に「難しそうだけど，やればできそう！」と思わせることです。おもしろそうでも達成できそうにない研修は困りますよね。学習者に求められていることが何かを明示すること（学習要件），やりがいのある課題で成功する機会を与えること，フィードバック等を通じて学習者が自分の努力で成功したいと思うこと（個人的なコントロール）などが大事です。

そして第4段階は満足感（satisfaction）で，（内的と外的）報奨によって達成を強化する，学習者に「やってよかった！」と思わせることです。獲得した知識やスキルを使う機会を提供し，努力の結果をチェックできること（自然な結果），ほめて認めてあげること（肯定的な結果），公平に判断して学習者を裏切らないこと（公平さ）などが大事です。

ARCSモデルのいいところは段階モデルになっているところで，最初にやはりおもしろそうと思ってもらうことは大事ですし，順番にハードルを越えていくようなイメージが大切ですね。ここから「学習者中心の研修」（Reigeluth et al., 2017）「教えないで学べる研修」（鈴木，2015）といった，動機づけのある研修を作り出すことにつながります。

4 研修作りの具体的なプロセス

まず研修を作るための具体的なプロセスについて見ていきます。研修については，教授者・学習者・教材・学習環境などのすべての要素がシステムとして機能するシステムアプローチ（Dick et al., 2001）が重要であるとされています。その中でもGagné et al.

（2005）は，IDをシステム的にするためのプロセスとして，ADDIE
プロセスを提唱しています。これはAnalysis（分析），Design（設
計），Development（開発），Implementation（実施），Evaluation
（評価）の5段階で考える方法です。

　まずAnalysis（分析）の段階では，具体的な活動として，研修が
解決策となるニーズを決定する，研修が対象とするゴールを決定す
る教授分析を実施する，学習者の前提スキルと，そのいずれかが研
修での学習に影響を与えることを決定する，そして研修に利用可能
な時間や，その時間にどの程度達成できるかを分析する，といった
ものがあります。ADDIEプロセスにおいて最初の分析はとても重
要で，それが次以降のプロセスに影響を与えます。

　Design（設計）の段階は，研修や教材を設計することで，具体
的な活動として，コースの目標を行動目標や，（複数のセッション
で構成するなら）1回ずつの単元目標に変換する，取り上げるトピ
ックやテーマと，どのくらい時間をかけるかを決定する，1回ずつ
の内容を系列化する，1回ずつの主要な目標を特定する，教授内容
と学習活動を定義する，評価の指標を開発する，といったものがあ
ります。

　Development（開発）は，研修や教材を作り込むことで，具体的
な活動として，学習活動と教材の種類について決める，案を準備す
る，学習者に試用を依頼する，設計に基づき研修で用いる教材やツ
ールを開発する，作成・改善・精緻化する，教師の研修を実施し付

図表12-1　ADDIEプロセス

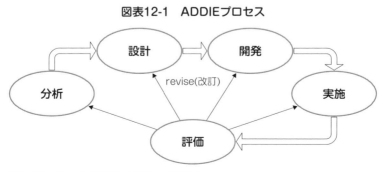

属教材を作成する，といったものがあります。

Implementation（実施）では研修の実施と支援，Evaluation（評価）では終わった後の評価として，学習者，研修プログラム，保守や改訂の評価が行われます。研修を作って実施すると全体の流れが把握しやすいですね。

5 教育目標の明確化

研修を構築するには，基本的な事項をおさえ，教育目標を明確化することが大事です。橋本（2006）は，研修における教育目標の設定について，4点にまとめています。第1に，研修でできることとできないことを区別する，ということです。研修はなんでも可能にできるわけではないことを理解した上で，研修として何を扱うのかをきっちり決めておいて，関係者の同意をとっておく必要があるとしています。いわれてみればそうですよね。研修のプランを作る上では，盛り込みすぎないようにしたいものです。

第2に責任範囲の明確化で，具体的にはスタート地点とゴール地点を決めるということです。スタート地点は研修を始める前の参加者の状態，ゴール地点は研修後の状態です。これによって研修の責任範囲を明確にすることができます。スタート地点はたんに研修の前段階というだけでなく，そこに至る他の要素はe-ラーニングなどの研修以外，あるいは他の研修で解決することができます（鈴木，2015）。たとえば新人のための研修の場合，新人のマナー講座をわざわざその中に入れなくても，入社時研修に入れておいてもらえば

図表12-2　研修の責任範囲

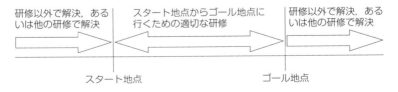

出典：橋本（2006）を参考に，筆者作成。

いいですよね。同様にゴール地点も，研修で知識を理解させたあと
の実践の部分は，研修以外，あるいは他の研修で解決することがで
きます。先ほどのできることとできないことの区別と関わる，重要
な考え方ですよね。その上でニーズ分析を行い，研修に対して何が
求められているかを調査したりして明らかにすることです。第3に
ゴールイメージを描く，具体的には学習目標の明確化です。それに
は（a）目標行動：何ができるようになればいいのか，どのような
行動がとれればいいのか，（b）評価条件：どういった条件の下で
行った行動であれば，研修として合格か，（c）合格基準：どの程度
で合格と見なすのか，といった細目を決めて，学習目標を実効性の
あるものにします。その上で「～できる」の形で目標行動を規定す
ることが重要です。そして第4にスタート地点を明確にすることで
す。具体的には誰を対象に研修を行うかを決めること（対象者分析）
が行われます。これらのことからいえるのは，研修や教材は「作る
こと」よりも先に，ニーズやゴールが何かを見極めることが最も重
要なことだということです。

6 教材をどのように設計すればいいのか

　具体的にどのように研修のプログラムを設計するかについては，
Gagné et al.（2005）において提唱されている9つの「教授事象
（events of instruction）」という考え方が参考になります。Gagné
et al.（2005）は認知科学的に学習をとらえ，外的情報を得てから
内的に情報処理して反応を導き効果を出すという過程それぞれに，
外から支援する教授行為が必要だととらえ，学びを支援するための
9つの働きかけを提案しています。

（1）学習者の注意を獲得する…注意を喚起したり好奇心を引きつ
　　　けたりする

（2）授業の目標を知らせる…達成してほしい知識やスキルが何で
あるかを伝える

（3）前提条件を思い出させる…以前学習したことを思い出させる

（4）新しい事項を提示する…新しい学習内容を提示する

（5）学習の指針を与える…すでに知っていることと今学ぼうとし
ていることを結びつける

（6）練習の機会を作る…学んだ内容を実際にやってもらう，問題
を解く

（7）フィードバックを与える…学習内容の正確さや成果の程度を
フィードバックする

三毛猫株式会社の例：バーマンの「ミヅキ」の社内研修の進め方

教授事象	ミヅキのねこ不動産事業部における研修の進め方
(1) 学習者の注意を獲得する	ネットにあるライバル会社の不動産広告ムービーを流す　元気にあいさつ「おはようございまーす！」
(2) 授業の目標を知らせる	「今日は自社のねこ不動産の特徴について学びます！」
(3) 前提条件を思い出させる	「前回はなぜねこに不動産が必要なのか？について学びましたよね。覚えてますか？」
(4) 新しい事項を提示する	「今回は他社と比較して，わが社のねこ不動産のどこが消費者に訴求するのか，考えていきたいと思います！」
(5) 学習の指針を与える	「ライバルと違う点をちゃんといえれば，日々の営業にも役立ちますから，がんばりましょう！」
(6) 練習の機会を作る	「わが社のねこ不動産はどこを訴求ポイントにすればいいか，グループに分かれて考えてみてください！」
(7) フィードバックを与える	「みなさんよくできました！　他社との違いにフォーカスしたアイディアがたくさん出ていましたよ！」
(8) 学習の成果を評価する	「会社全体で幅広い製品・サービス内容を持つことが，消費者へ訴求することがわかっていただけましたね！」
(9) 保持と転移を高める	「もう一度資料をよく読んでおいてください。そして明日からの仕事に早速使ってみてください。おつかれさまでした！」

出典：筆者作成。

（8）学習の成果を評価する…期待した学習成果に到達したということを示す
（9）保持と転移を高める…忘れないようにしたり次に使えるようにしたりする

　この9つの教授事象は，うまく研修を進める上でのチェックリストにもなっています。参加者がもしぽかーんとしていたり，うまくついてきていないなと思ったら，この9つのうちどの援助が必要なのかを考えてみるのもいいでしょう。

7 研修の評価

　研修はやりっぱなしではなく，その研修が本当に役立ったかを示す必要があります。いい結果が出ないときもあるかもしれませんが，担当した会社や部署に「あの研修どうだったの？」と聞かれたときに答えられるようにしておく必要はありますよね。そして，いわれて調べるよりも，研修の際に評価しておく方が好ましいでしょう。

　Kirkpatrick & Kirkpatrick（2006）において研修評価の4レベルに分けたモデルが示されています。それは反応（reaction），学習（learning），行動（behavior），結果（result）の4段階です（鈴

図表12-3　4段階評価モデル

レベル	評価内容	評価対象
1．反応 (reaction)	参加者は教育に対してどのような反応を示したか？	受講者アンケート
2．学習 (learning)	どのような知識とスキルが身についたか？	事後テスト，パフォーマンステスト
3．行動 (behavior)	参加者はどのように知識とスキルを仕事にいかしたか？	フォローアップ調査，上長アンケート
4．結果 (result)	教育は組織と組織の目標にどのような効果をもたらしたか？	効果測定チェックリスト，ROI指標

出典：鈴木（2006）を参考に，筆者作成。

木，2006参照）。

　これを見ると，4段階の評価のうち，反応と学習は研修終わりに
評価できますが，行動と結果は研修のフォローアップ的な評価にな
ることがわかります。実際の行動と組織の成果に反映されてこそ，
研修の意味があるという考えになります。

8 効果的な研修環境を作る

　ここまで効果的な研修プログラムについて考えてきましたが，で
はプログラムがばっちりなら，研修は効果的になるでしょうか？
それに加えて，研修の効果を高めるような，環境作りも同時に追求
する必要があるでしょう。美馬・山内（2005）は，それを空間・活
動・共同体の3つの要素として考えています。

　空間とは研修が行われる場のことです。たとえば教室をひな壇的
に机の動かないところを選んでやるのでは，相互の話しあいがやり
づらいですよね。美馬・山内（2005）も「これが学びの場なのか？」
と問題提起しています。机を浮島のようにいくつかのグループに分
けるだけで話しあいは活性化します。そして場合によっては，教室
を離れたところで，次の活動を行うような空間作りも効果的ですよ
ね。よくある無人島キャンプの研修プランは，知識の獲得には向か
ないかもしれませんが，サバイバル力や協調性といったある種の能
力獲得には効果的です。このように空間をデザインすることで研修
の効果を高めることもできると考えます。

　活動とは実際に研修で取り組む内容です。美馬・山内（2005）も
「先生の話を覚えるのが学習なのか？」と問題提起しています。実
践が学習を生み出すのです。たとえばワークショップ形式で，特定
の活動に取り組むことは，ある種の能力獲得には効果的であるかも
しれません。演劇人を講師にした演劇ワークショップでは，感情の
発露の訓練を通じたプレゼンテーション力の向上や，実際の場面を

数人で演じることで，本当に人の話を聞くコミュニケーションということはどういうことかについて考えさせたりします（例：平田，2012）。

　共同体とは，研修にともに取り組む仲間のことで，学習活動を支える基盤となります。美馬・山内（2005）も「学習は1人でするものか？」と問題提起していますが，ともに取り組む仲間がいれば，学習のモティベーションを高めるだけでなく，学習がさらに効果的になるでしょう。そう考えるとよい研修は，研修者の人間関係作りにも配慮がされているかが重要であるといえます。伊丹・加護野（2003）もいうように，研修は人的ネットワークの構築にも資するものであり，そのように設計すべきなのです。

　そしてこの3つの要素が，相互に関連しあっていることはもうおわかりかと思います。学習効果がスパイラルアップするような研修の環境を作っていきたいですね。

9 ゲーミフィケーションと研修

（1）ゲーミフィケーションとその有効な理由

　研修を楽しくするために，そのプログラムの中にゲーム的な要素を盛り込みたいという人もいるかもしれませんね。遊びのようになってしまうかもしれませんが，モティベーションを高める上では有効な考え方でしょう。インストラクショナルデザインの理論の中にも，「ID美学第一原理」（Parrish, 2009）として，おもしろい研修には美学的経験：日常的な経験とは一線を画す，楽しめて忘れられない経験がある，とする考え方があります。

1．学習経験には，起承転結がある
2．学習者は，自分の学習経験の主人公である
3．教科ではなく，学習経験が教授テーマを設定する
4．文脈が教授状況への没入感に貢献する

5．教授者と教育設計者は，作者であり，脇役であり，モデル的主
 人公である

　この考え方もゲームと関連がありますよね。そんな「研修をゲー
ムっぽくすること」にも実はゲーミフィケーション（gamification：
Burke, 2014）という考え方が役に立ちます。これは非ゲーム的文
脈でゲーム要素を用いることですが，本格的なゲームを構築するこ
とではなく，いくつかのゲーム要素を用いるだけです。
　Burke（2014）は，ゲーミフィケーションが有効な理由について，
関与と実験という2点をあげています。職場や市場にもゲームに関
与したくなるのと同じく人間のニーズが存在すること，実験であれ
ば失敗しても何度もやり直せばいいし，もっと可能性が広がるから
ということです。そしてゲーミフィケーションにおけるモティベー
ションには，自己決定理論に基づくものとして3つあるとしていま
す。第1にコンピテンス，成長して外部環境にうまく対処すること
によるモティベーション，第2に関連性，社会的なつながりを求め，
他の人々と関わりたい，交流したいということによるモティベーシ
ョン，第3に自発性・自律性，自分たちで自分たちをコントロール
している感覚によるモティベーションです。インストラクショナル
デザインの研究からも（Reigeluth et al., 2017），ゲームは行動によ
る学習を利用できる，チーム力開発や社会的学習・結束を促進でき
る，エンゲージメントと努力を増進する，学習のための安全な環境
を提供できる，カスタマイズができる，といった利点があるとして
います。

(2) ゲーミフィケーションのツールキット：ポイント，バッジ，リーダーボード（PBL）

　その上でBurke（2014）は，研修をゲームっぽくするツールキッ
トとして，ポイント，バッジ，リーダーボードという3つをあげて

います。略してPBLです。

　まずポイントです。正解するとポイントがもらえる，みたいな感じで，効果的にスコアを記録する，勝敗がある場合，勝った状態を表す，ゲームの進行と外的報酬を結びつける，フィードバックを提供する，進捗を対外的に示す，といった機能を有しています。次にバッジです。これは何かを達成したことを視覚的に示すことで，目標を示す，期待されていることを端的に表す，実行したことを示す，アクティビティの記録，グループの目印，といった機能を有しています。最後にリーダーボードです。これは自分たちの位置づけを知るという機能を有していますが，意欲を持続させるためにうまく使

三毛猫株式会社の例：シャムねこの「アスミ」が企画した，放送局事業部のテレビ番組案

番組概要	タイトル：「全ねこドッキドキ！　人間はこんなにおもしろい生き物！」 概要：身の回りのおもしろい行動をする人間を取り上げたクイズ番組。芸能ねこが解答者となり，進行と出題はアスミが行う（コスト削減のため）		
ツールキット	ポイント： 出題数は4問で，1問正解すると「アスミちゃんフィギュア」が1つもらえる。最終問題は3ポイント分の「スーパーアスミちゃん」が1つもらえる	バッジ： 設定は人間を学ぶ学校「私立シャム猫学園」になっており，アスミは白衣の教員，解答者は学生服。難しい問題には人間に詳しい先生ねこが解説する	リーダーボード： 解答者は赤青黄チームになっており，これまでの戦績が掲示されている。1問ごとにアスミちゃんフィギュアの数を数え，競わせる
ピラミッド	ダイナミクス： 私立シャム猫学園は「人間と対等なねこの育成」が校訓で，そのために解答者である生徒が，人間のことを学ぶ設定になっている	メカニクス： 一発逆転の最終問題「スーパーアスミちゃん」，解答者は1回だけ人間に詳しい先生ねこにヒントを要求できる，1回だけ解答を変更できる	コンポーネント： 年1度の特番では，「全国統一模試」として，多くの解答者が集められ，「人間王」の座を巡って競いあう

出典：筆者作成。

う必要もありますよね。PBLの考え方はビジネスにもいかされています。飛行機のマイレージのようなポイント制度です。今いくらマイルがたまったか（ポイント），今自分がどのステイタスにいるのか（バッジ），あとどれくらいで次のステイタスに上がれるのか（リーダーボード）といったことが一目でわかるようになっていて，楽しくやる気を引き出しますよね。

　Burke（2014）ではこれをもとに，ゲーム要素のピラミッドとして，ダイナミクス（直接的にゲームの一部ではないが，ゲーミフィケーションを使った仕組みの包括的な側面），メカニクス（プレーヤーの行動を前進させ，ゲームに関与させる仕組み），コンポーネント（構成要素）によってさらに細かくゲームっぽくすることを進めるやり方を提示しています。

(3) ゲーミフィケーションの具体的なステップ

　Burke（2014）はゲーミフィケーションの具体的なステップとして6段階を提唱しています。研修作りのプロセスはADDIEプロセスなどを参考にするとして，ここではゲームっぽくすることのステップを下記のように定義しています。

①ビジネス目標を定義する…何ができるようになってほしいのか
②対象とする行動を詳しく説明する…何をやってもらいたいのか，それをどう測定するか
③プレーヤーを詳しく説明する…何がやる気を引き出し，何がやる気をそぐのか
④アクティビティのサイクルを考案する…モティベーション，行動，フィードバック
⑤楽しさを忘れない！…客観的に見て楽しいか，自発的に報酬がなくても参加するか
⑥適切なツールを活用する…上のゲーム要素をうまく使う

このステップ自体も重要ですが，なにげに⑤楽しさを忘れない！は重要ですよね。「客観的に見て楽しいか，自発的に報酬がなくても参加するか」というのは，研修のチェック項目としても大事です。

10 おわりに

　本章では研修の作り方と実施について，インストラクショナルデザインの考え方を見てきました。研修を作る立場になったら，とにかく昔受けた授業のことを思い出しながらなんとか作るという形になるかもしれませんが，うまくいくとは限りませんよね。インストラクショナルデザインの知見をいかすことで，効果的な研修を作ることが可能になるでしょう。

▼ **トランジションのためのインストラクショナルデザイン**

　トピック上，直接トランジションを乗り越えるヒントは少ないかもしれませんが，まず教育目標の明確化のところで，研修はなんでも実現できるものではないという知見がありました。自身のスタート地点とゴール地点をしっかり見定め，問題に対して現実的な解決策を考えるというのはポイントの１つでしょう。研修作成に万能薬はないのです。また，ゲーミフィケーションの考え方は，問題に対して楽しんで取り組む工夫を教えてくれています。ゲーム感覚で問題に取り組めば，突破口が見つかるかもしれませんね。

本章のまとめ

・インストラクショナルデザインは，教育を効果的・効率的に設計・実施するための方法論です。
・IDをシステム的にするためのADDIEプロセスは，分析，設計，開発，実施，評価の5段階で考える方法です。
・効果的な研修環境を作るには，空間・活動・共同体の3つの要素を考えることが有効です。
・ゲーミフィケーションは，非ゲーム的文脈でゲーム要素を用いることです。

考えてみよう

・みなさんの受けている研修や講義で，取り入れてほしいインストラクショナルデザインの理論はありますか。考えてみてください。

 おすすめ本

鈴木克明（監修）市川尚・根本淳子（編著）(2016)『インストラクショナルデザインの道具箱101』北大路書房。

全ねこドッキドキ！
人間はこんなにおもしろい生き物！

第 **13** 章

正統的周辺参加

本章のねらい

　本章では，「仕事の中での学び」とはどういうこと
かについて見ていきます。みなさんも学校で教わって
もいないのに，アルバイトで働けていることってあり
ますよね？　本章を学ぶことで，学校の学びとは異な
る仕事の中での学びとはどういうことかについて，理
解することができます。

ショートコント

タケル：正統的ぃ，周辺参加ぁ〜！

マツモト：どしたんや。そんなすてきな雄叫び。

タケル：内容がちょっとよくわからないんで，声に出してみました。

マツモト：音読は大事かもしれんけどな。ともかく仕事の中での学びは学校での学びと違うってことやな。タケルも野球やってたからわかると思うけど，チームの中で参加を深めることが学びにつながるんや。

タケル：そうですね，試合に出たらそのときの役割を果たすとか，試合に出られなくてもベンチでの役割を果たすとかが参加ってことですよね？

マツモト：そうそう。そういえばタケルってベンチからサイン出したことある？

タケル：たまにですけどありますよ。体の部位それぞれにバントとか強行とか決まってて，何番目にさわったやつがそのときの指示になるって決めてて，こんな感じで，ぱっぱっぱって出すんです。

マツモト：かっこいい！　僕いっぺんやってみたかってん。やってもいい？　右肩が正統的，おなかが周辺，右足が参加，鼻が正統的周辺参加な。

タケル：何のサインですか！？　まあいいですけど，じゃあ9回目にさわったところでいきましょう。

マツモト：わかったわ。（サインを出す）

タケル：周辺！

マツモト：（サインを出す）

タケル：参加！

1 はじめに

　本章では，共同体の学習という考え方の理論的基盤となっている，「正統的周辺参加」という概念について見ていきます。名前からして難しそうですが，正統的周辺参加は「仕事における学習」という考え方をまじめに考えた，始まりの研究なんです。さらに仕事だけでなく，われわれの身近なコミュニティにおいてどう実践しつつ一人前になっていくのか，という問題を考察しているのです。ややこしい概念ですが，わかりやすく説明します。

2 正統的周辺参加(legitimate peripheral participation)，その始まり

　正統的周辺参加はLave & Wenger（1991）によって提唱されている社会的学習の研究です。2人の研究はとってもユニークで，教育学だけでなく社会学・心理学など多様なバックグラウンドを持っていますが，その中でも主要な理論的背景となっているのが，文化人類学です。文化人類学者であるLaveは，人類学的な「徒弟制」，すなわち親方的存在から弟子的存在の人が技能や知識を実践しながら獲得していくことの事例をたくさん調査しました。Lave & Wenger（1991）で紹介されているのは，ユカタン半島における助産師，リベリアの仕立屋，アメリカ海軍の軍艦操舵手，アメリカの肉屋，アルコール依存症者の自助団体（アルコホリック・アノニマス），という，経営学ではなかなかお目にかかれない不思議な事例ばかりです。

　しかしこれらの例はみな，1つの重要な点を明らかにしています。それはそこで学ばれる技能，少なくとも一部の重要な技能を，学校でがっちり仕事や実践について教えられるわけでもないのに，現場で実践しながら学んで一人前になっている，ということです。たとえばユカタン半島の助産師の研究（Jordan, 1993）では，助産師の

お母さんから娘へ一子相伝的に技能が伝承されています。医学系の学校にも行かず，テキストも使わず，お母さんのお手伝いをしながら，徐々に助産師の経験を積んで，一人前の助産師になっているのです。

　ここからLave & Wenger（1991）は，シンプルな疑問を提示します。それは，「仕事の中での学びは，学校での学びとは違うのではないか？」ということです。両者が同じなら，学校に通っていない人は仕事ができないはずです。しかしLave & Wenger（1991），およびそれに先行するLave（1988）には，学校で学んでいないのに仕事の中で技能や計算能力などを培っている事例が出てきます。そこから仕事の中で学ぶ枠組みとして登場したのが，正統的周辺参加となります。

3　状況的認知研究

　正統的周辺参加は，認知科学（cognitive science）という分野の中の，状況的認知研究（situated cognition）の1つになります。認知科学は人間の頭の中の認知プロセスを研究する分野ですが，コンピュータをメタファーに考える手法が行きすぎて，日常世界における人々の行動やその世界との相互関係についての説明力を失っていました。そこで「主体と状況の協調的関係から『現場の認知』を理解するという視点で結びついた1つの学際的研究活動」（高木，1996）が，状況的認知研究です。簡単にいえば，「状況の中で，人はどんな風に行動し，学習しているのか？」という問題を考えます。

　その代表的な研究が，認知的徒弟制（cognitive apprenticeship）という研究です。Brown et al.（1989）によると認知的徒弟制では，学習と認知は本質的に状況に埋め込まれていて，状況的な要因とうまく相互作用させることが，学習を進める上で重要だという考え方です。たとえばRogoff（1990）は，発達心理学における状況的・文

化的要因を重視し，それを「ガイドされた参加（guided participation）」という概念で表現しました。テレビ番組の「はじめてのおつかい」では，子どもががんばって1人でおつかいをしますが，Radziszewska & Rogoff（1991）では，保護者と一緒におつかいのプランを立てて実行させた方が，子どもの学びは大きくなるとしています。またBurton et al.（1984）はスキーのコーチにおいて，初心者に対して徐々に平坦に，そして上り坂になるような下り坂を練習場所にしたり，普通のスキー板より短いスキー板を使うことで（長いスキー板はスピードが出る），スキーの基本的な要素に集中して学習することができることを示し，考えられた状況的セッティングが技能の習得を助けるとしました。このように状況の中でどのように学びを進めるかという研究の延長線上に，正統的周辺参加の理論はあるのです。

4 正統的周辺参加とは

　正統的周辺参加とは，知識や技能の修得には，新参者がその知識や技能を持っていたり使っていたりする共同体（ここでは職場やサークルなど，人が集まるなんらかの場所）へ，人々の中での実践を通じて，そこの一員になるよう参加することが必要である，という考え方です。

　正統的周辺参加を理解するには，「正統的」「周辺」「参加」と3つに分けて考えるとわかりやすいです。

(1) 正統的（legitimate）

　みなさん自分の立場で考えていただきたいのですが，組織や共同体に参加するときには，そこに「いてもいい」と認められなければならないですよね。みなさんのサークルにある日突然知らない人がきていたら，誰だろう…？と思うと思います。特にそこで仕事やス

キルを学ぼうと思うなら，会社に就職したり，バイトに採用されたり，サークルの会費を払って入会したりして，いてもいいと認められる＝正統性を確保する必要があるのです。そして認められると，先輩のやることを見て学んだり，わからないことをきいたりすることができる，つまり共同体へのアクセスの確保ができるのです。

(2) 周辺 (peripheral)

　大学や高校での1年生のことを思い出してほしいのですが，新人は最初から組織や共同体の中心でがんばれるわけではないですよね。たとえ部活で1年生からレギュラーという人でも，先輩だらけの部を率いていくには時間がかかるでしょう。まして何の経験も技能も持っていない新人ならなおさらです。そんな場合，正統性を確保した新人は何もできないながらも，組織や共同体の「周辺」で働いたり役割を果たしたりすることで，組織の一員として認められ，見て学んだり，教えてもらったりして技能を学ぶことができるのです。上司や先輩のお手伝いをしたり，与えられた役割をこなしたり，とにかくじっと仕事の現場を見たりするようなことです。

(3) 参加 (participation)

　本節の最初に書いたように，Lave & Wenger (1991) の大事な主張は，仕事の中の学習は，その学んでいる組織や共同体に対して，参加を深めていくことと同じことなんだ，ということです。新人は少しずつ仕事を覚えていきながら，徐々に組織の中で「参加を深めていく」のです。最初は歯車の1つであったものが，重要な仕事を担っていって，やがて組織になくてはならない人になる＝十全的参加 (full participation) を目指す，ということです。そしてその過程でたくさんの知識や技能を学び，同時に「組織の一員」としてのアイデンティティも獲得していくのです。

　このように正統的周辺参加においては，技能形成・組織への参加

を深める・アイデンティティの構築が同時並行に進むことになります。そしてそれらはお互いに影響を与えあい，高めあうものなのです。

三毛猫株式会社の例：シャルトリューの「ミノリコ」の
カフェ事業部への正統的周辺参加

技能形成	組織への参加	アイデンティティの構築
ねこ向けカフェの運営に携わる。カフェはバイトでやったことがあったが，ねこの好きなコーヒーの知識に加え，カフェの運営はノウハウが重要で，勉強する	初任配置でカフェ事業部になり，新ねことしてどう振る舞うかが問題だった。バイトの知識をいかして店舗を運営するとともに，お客様の声を逐一報告することにした	新ねこでまだ社会ねことしての自覚も足りないが，望んでいたカフェ事業部での仕事に邁進した。カフェ運営での経験を積むにつれ，次第に社員としての責任感も出てきた
他の要素への影響		
〈参加→技能への影響〉現場の声を伝える行動が部署に広がるにつれ，情報共有活動のリーダーと目されるようになった。他からの情報に加え，いろいろなことを教わるようになった	〈技能→参加への影響〉丁寧な顧客対応を続けるうち，若いねこの流行をつかみ，情報として伝えた。それが新商品開発につながり，先輩達に感謝された。情報共有の活動が評価されている	〈技能→ IDへの影響〉ねこ向けコーヒーの知識を得るため，とにかく勉強した。やがて知識量が上司の目にとまり，南米の産地に出張させてもらった。コーヒーの専門家としての自覚も出てきた
〈ID→技能への影響〉社会ねこの自覚が出てくるにつれ，アルバイトスタッフへの接し方もうまくなってきた。特に指導技能が高くなり，スタッフからの信頼も得られている	〈ID→参加への影響〉ミノリコは元来控えめな性格だったが，事業部の一員として自覚が出てくるとしっかり発言するようになり，周囲も一目置くように。会議で意見を求められる回数も増える	〈参加→ IDへの影響〉事業部内での評価が高まると，同期ねこの間にも伝わり，声をかけられることが増えた。自分の活躍が同期にもいい影響を与えているとわかり，日々精進している

出典：筆者作成。

5 状況に埋め込まれた学習

　前節で正統的周辺参加について説明したところで，ここからは
Lave & Wenger（1991）の他の主張にふれていきたいと思います。
　仕事の知識はちゃんとマニュアルに書いてあることもありますが，
多くはどこにも書かれていないことですよね。しかし冒頭に述べた
ように，またみなさんのアルバイトのように，テキストは存在しな
いのに，人は仕事をどんどん覚えていくこともあります。ではその
ような知識や技能はどこにあるのでしょうか？　この疑問に対して
Lave & Wenger（1991）は，仕事の知識・技能はその組織の「状
況に埋め込まれている」という表現で説明しています。埋め込まれ
ている（embedded）という表現は学術的には深い意味があるので
すが，そこはあまり考えず，そのような知識や技能はぼーっとして
たら見えないもので，それを意識して仕事をしたり，人に聞いたり，
内省したり，話しあったりすることで，それが「掘り出されてく
る」，というイメージを持ってもらえればと思います。このような
状況に埋め込まれている情報・知識・技能，およびそれらを学ぶ上
で助けになるもののことを「学習資源」といいます。状況に働きか
ける実践が，学習資源を活用した学びを進めるのです。
　もう1つ，仕事の知識は全部自分の頭の中に入っている必要はな
いということです。もちろん頭に入っていればそれに越したことは
ないですが，仕事は試験ではないので，自分の同僚，資料，そして
ネット上の情報など，あちこちに分散してもいいのです。Orr（1996）
は仕事に必要な知識について，「自分の知らないことを，誰が知っ
ていそうか知っている」ことが重要であると指摘しています。大事
なのは共同体の中で，実践によって知識へのアクセスを確保するこ
となのです。

6 共同体の中の再生産と矛盾

　共同体の中で，新人はベテランに教えてもらい，学びながら成長するのですが，ベテランはいずれ引退していって，新人があいたところに入って置き換わる（置換）ことになります。このように考えると，ベテランは自分の地位を危うくする新人に教えるというジレンマを持っているのです。新人は成長すると自分に取って代わるが，教えないと自分の仕事も楽にならないし，共同体も継続していかないという，連続性と置換の矛盾が存在するのです。よくプロ野球選手が「聞かれれば教えるけど，自分から進んで教えに行ったりはしない」といったりしますが，このようなことが背景にあるのかもしれません。このように新人とベテランの間にコンフリクトが起こることもありますが，いずれは新人もベテランになり，共同体を継続させていく，共同体の再生産が行われるのです。

7 仕事におけるアイデンティティの獲得

　正統的周辺参加の特徴は，学習者のアイデンティティの構築を考慮していることです。「自分の居場所の一員としてのアイデンティティ」あるいは「社会人らしさ」は共同体への参加を深め，技能を獲得するとともに構築されるということができます。社会人らしさはどこかに書いてあるわけでもなければ，これを学べば社会人らしくなる，というものでもないですよね。仕事における熟達による有能感からくるアイデンティティと，共同体の一員としてのアイデンティティは，実践とともに得られ，同時に様々な共同体に分散的に所属し，正統的周辺参加を進めていくことによって確立されるのです。

　さらにLave & Wenger（1991）は，正統的周辺参加が実践によって成長するアイデンティティの発達と，さっき述べた共同体の再

生産と変容との両方に関連しているといっています。つまり熟達するに従って発達する熟達者としてのアイデンティティは，新人からベテランへの移行と同じ軌道をたどるのです。そして新たな新参者に対して指導する立場になり，共同体が再生産されます。サークル・バイト先・各種団体・部活などでは，最初は何もわからなくて後輩として先輩に教えてもらいますが，経験を積んで上達・成長してくると，その居場所の一員としてのアイデンティティを形成するとともに，今度は後輩に教える立場になり，そこから自然に先輩としてのアイデンティティを形成していく，という感じです。居場所の一員らしさや社会人らしさは，能力形成や参加の度合いと切り離せないものです。

8 学習のカリキュラムと教育のカリキュラム

　Lave & Wenger（1991）は，共同体の中での学習は「自分が学びたいこと」（学習のカリキュラム）と「共同体が学ばせたいこと」（教育のカリキュラム）が折り重なって進んでいくとしています。大学においても，大学が学ばせたいことは学部等の教育のカリキュラムとして整備されていますが，同時にサークルで何かうまくなること，アルバイト先の仕事，各種団体のプロジェクト，部活のスポーツなど，自分が学びたいこともありますよね。そんな学習のカリキュラム（自分が学びたいこと）は本質的に大学生活という状況に埋め込まれています。そして学習のカリキュラムは，共同体に参加を深めていく中で徐々に明らかになるのです。スポーツの部活のように想像がつきやすいものもありますが，たとえば大学で演劇を始めるといったように，それに携わることすら事前に想像できないこともあるでしょう。そこで何を学ぶかは，演劇部に入って実践することで明らかになってくるのです。そして学習のカリキュラムは，教育のカリキュラムとすり合わされて決まっていくのです。大学生

のみなさんは大学生らしい生活や，サークル・バイト先・各種団体・部活等で実現したいこともあると思いますが，そればっかりやっていたいと思っていても，現実には教育のカリキュラムに従って，単位をとって卒業するために勉強することも必要です。しかし両者は対立するのではなくすり合わされるものです。教育のカリキュラムは将来仕事をして暮らしていくこととつながっているからです。そこから講義で出会った人脈をやりたいことにいかしたり，サークル等の経験を学ぶ内容を理解するように活用したり，将来の仕事をイメージするためにバイトの経験を積んだりといったように，両者が相互作用することが，お互いのカリキュラムにそって学ぶことを助けるのです。

9 全人格的成長

　そしてLave & Wenger（1991）は，学習を実践共同体への参加の度合の増加と見ることは，世界に働きかけている全人格を問題にすることであるとしています。実は正統的周辺参加は，家族や共同体の成員であることを通じて，分散して行われるのです。別に大学のサークルという共同体1つだけしか参加できないということはなく，同時にアルバイト先やクラスの友達，学部のゼミなど，複数の共同体にみなさんは参加していますよね。あとでも出てくるのですが，正統的周辺参加における共同体は「多重所属」できるのです。そしてそれがより多くの学びをもたらすのです。詳しくは最後の章を見てほしいのですが，ともかくここでは，正統的周辺参加が仕事面だけでなく人生全体を含めたキャリアを視野に入れており，仕事における熟達を含む，全人格の成長を考える概念なのだということを覚えておいてください。

10 インテリジェント・キャリア理論と正統的周辺参加

　正統的周辺参加は，キャリアを考える上でも示唆を与えてくれます。

　Arthur et al.（1995）は，キャリアを考える枠組みとして，「インテリジェント・キャリア（intelligent career）」理論を提唱しました。この理論はキャリアの中に能力形成を組み入れ，さらに他の要素（モティベーションやアイデンティティ，人的ネットワーク）との相互作用をも視野に入れた枠組みになっているのですが，このキャリア理論は，正統的周辺参加の考え方と符合するところがあるのです（松本，2008参照）。

　Arthur et al.（1995）は，キャリアにおける3つのコンピタンシーとして，3つのknowing，すなわちknowing why，knowing how，knowing whomをあげています。knowing whyは個人の働くモティベーション全体，企業文化が思考する個人の信念と価値，に由来するもの，knowing howは個人の技能と知識，knowing whomは企業のネットワーキング活動につながる人的ネットワークです。これら3つのknowingについて理解を深めることが，自律的なキャリアデザインにおいて有効なのですが，Parker et al.（2004）では，3つのknowingを相互作用する存在であると明確に位置づけていま

図表13-1　インテリジェント・キャリア理論と正統的周辺参加

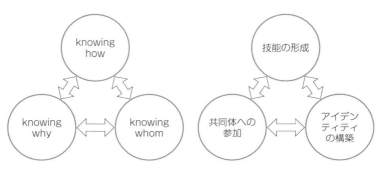

出典：松本（2008）を参考に，筆者作成。

す。他方で正統的周辺参加の理論は，技能形成・共同体への参加・アイデンティティの構築が同時に進められるという考え方ですが，これはまさに３つのknowingの相互作用を考えるインテリジェント・キャリア理論と符合する部分が大きいですよね。正統的周辺参加の３つの要素は同時に進行するので，そこに相互作用・相互励起の可能性を考えることは自然だと思います。

このように考えれば，正統的周辺参加の枠組みで，仕事の中での学びを進めることは，自身のキャリアにとっても有効であることが示唆されているといえます。「能力形成がキャリアを開く」，すなわち仕事の中での学びを進めることは，自身のキャリアを進めていく原動力になるのではないでしょうか。

11 おわりに

本章では，正統的周辺参加という理論を通じて，「仕事の中での学び」とはどういうことかについて見てきました。もちろん現代においては，「学校での学び」と「仕事の中での学び」は両立しています。学校において知識や情報について学ぶことで，仕事の中での学びをより効果的に進めることができますし，アルバイトや仕事経験などを，学校での学びに活用することができるのは，第７章の成人学習論で学んだ通りです。それを踏まえて，組織や共同体への参加を深めることで，知識や技能を学び，アイデンティティも獲得するという枠組みは，そこにおける実践，やってみることが状況に埋め込まれた知識を掘り出し，学びを進める原動力になることを教えてくれるのです。

▼ トランジションのための正統的周辺参加

　正統的周辺参加においては，仕事の中での学びを進めること
は，所属する組織や共同体への参加を深めることと同じだとい
っています。参加を深め，共同体へのアクセスを確保すること，
組織や共同体に埋め込まれた知識を掘り出すことが，トランジ
ションを乗り越える打開策を生み出すかもしれません。またイ
ンテリジェント・キャリア理論との符合性で考えれば，キャリ
アを進める原動力は仕事の中での学びです。その意識を持って
学びを進めてください。

本章のまとめ

・正統的周辺参加とは，知識や技能の修得には，新参者がその知識
　や技能を持っていたり使っていたりする共同体へ，人々の中での
　実践を通じて，そこの一員になるよう参加することが必要である，
　という考え方です。
・正統的周辺参加においては，技能形成・組織への参加を深める・
　アイデンティティの構築が同時並行に進むことになります。
・仕事の知識・技能はその組織の「状況に埋め込まれている」ので，
　それを意識して仕事をすることで，それが「掘り出されてくる」，
　というイメージです。
・インテリジェント・キャリア理論から考えると，自身のキャリアを
　前に進める原動力は，仕事の中での学びであるといえます。

考えてみよう

・みなさんの組織や共同体で，「どこにも書いていないけど，組
　織の一員になって活動するとわかる，とっても大事な知識」っ
　て何でしょうか。

176

**おすすめ本**

Lave, J. & Wenger, E. (1991) *Situated learning: Legitimate peripheral participation*. Cambridge University Press.（佐伯胖訳［1993］『状況に埋め込まれた学習：正統的周辺参加』産業図書）

第 **14** 章

共同体の学習

本章のねらい

　本章では，共同体で学ぶことのメリットについて学んでいきます。同じ勉強するのでも，１人で勉強するのと，友達と勉強するのでは，動機も効果も違っているのではないでしょうか。クラスを共同体の１つと考えると，やはり一緒に勉強したことはいい思い出になっているかもしれませんね。本章を学ぶことで，共同体で学ぶことがどういうことで，どういうメリットがあるのかを理解することができます。

ショートコント

ユウコ：先生，共同体の学習興味深かったです。

マツモト：そういってくれるとうれしいわ。学習は決して1人でやらなくてもいいからな。共同体でやるメリットを理解することが大事やな。

ユウコ：サードプレイスっておもしろいですね。人それぞれの第3の場所があるっていうか。

マツモト：そうやな。フランスのカフェやイギリスのパブが事例としてあげられてるけど，日本ではさしずめスナックとか居酒屋とか。小料理屋とかもそうかな。

ユウコ：あたし行ったことないんですけど，スナックってどんなところなんですか？

マツモト：それが僕もようわからへんねん。昔のドラマとかではよく出てくるけどな。ママいう人がおって，お酒飲んだり，カラオケで歌ったりすんねん。

ユウコ：なんか謎空間って感じです。

マツモト：だいたい名前がスナックやからな。子どもの頃はほんとにお菓子たべに行くところやと思ってたわ。

ユウコ：ポテチとかですか？　家で食べられるのにわざわざ？笑

マツモト：僕も子供心におかしいなとは思ってたんやけどな。ともかく自分なりの第3の場所を考えることが大事や。

ユウコ：お酒飲まない先生にも，いいサードプレイスできるといいですね。

マツモト：そうやな。どこかないかな？　でかいテレビがあってごろごろできて，あらゆるスポーツが見られて，好きなお菓子がたべられて，いつでもコーヒーとか飲み物が常備されてて，どんな話題でも話し相手になってくれる人がいるところ。

ユウコ：それってもはや家じゃないですか？

1 はじめに

　本章では，第3部にあたる「共同体の学習」というのがどういうものなのか，それがなぜいいのかについて見ていきたいと思います。1人でやるのとそんなに変わらないということなら意味ないですよね。でもみなさんも大事な勉強はお友達と一緒にやったりしませんか？　みんなでやることはそれなりのメリットがあるのです。その上でいくつかの共同体による学習に使えそうな研究を見ていきます。

2 個人学習・組織学習・共同体の学習

　本書でいう共同体の学習とは，学習する人がなんらかの共同体（コミュニティ）に参加したり，それを作ったりして学ぶことを指します。この場合の共同体（コミュニティ）とは，いわゆる地域コミュニティとは異なり，ある程度顔なじみのメンバーが定期的に集まって形成する人の集まり，ということができます。ここでは，知らない人同士が集まって一時的に形成する集団はコミュニティとはいいません。

　共同体の学習は，個人学習・組織学習とどう違うのでしょうか。まずOJTと共同体の学習についてです。第2章で述べたように，経営学では個人がどのように組織の中で学習するかについての方法論は，根本的にはOJTとOff-JTの二分法から大きく進化してはいません（中原，2012）。自己啓発と合わせて，学習者は「仕事をしながら学ぶ」「研修で学ぶ」「自分で学ぶ」のどれかで学習することを求められているといえます。それは学習者の孤立，自己責任の名の下に自分で学習せざるをえない状況に置かれてしまいます。他方で組織学習と共同体の学習についてですが，学習主体を組織とする研究のアプローチは，戦略論やマネジメント論との強い親和性を付与し

た反面，個人レベルでの学習の発展を抑制する結果となりました（安藤，2001）。そして個人が置き去りにされ，何をしていいかわからなくなってしまったのです。結果としてもう1つの学習者の孤立，組織の学習に従属させられる受動的な状況に置かれてしまいました。この現場における学習者の「二重の孤立」，そしてそれを生み出す組織の「二重のネグレクト」を回避することは，組織にとっても学習者個人にとっても重要なのです（松本，2014）。

　共同体の学習は，その学習活動によって個人学習を支えることにも，また個人学習で実現が難しい学習を進めることにもつながります。また組織学習における個人の役割を認識し，組織が学習するのを助けることにもつながります。何より共同体の学習は決して排他的ではなく，個人学習・組織学習を否定するものでもありません。仕事における学習の「第3の選択肢」が共同体の学習であると考えてください（松本，2019）。

3 共同体の学習のメリット

　それでは共同体の学習を行うことで，どのようなメリットがあるのでしょうか。ここでは5つにまとめています。

　第1に，非公式性，これは「仕事から離れている」ということです。OJTはもちろん仕事で，Off-JT＝研修は目の前の仕事から離れていますが，業務の一環であることに変わりはないですよね。共同体における学習は仕事から明確に離れているため，学習する事柄に集中でき，なおかつ仕事や自身のキャリアを客観視する視点を持つことができるということです。第2に自発性，これは「学びたいことが学べる」ということです。OJTは仕事に必要な知識を実践によって学ぶという意味で無駄がない反面，学びたいことが学べないこともありますよね。そんなときに学習のための共同体を作ることで，組織で学べないことを組織内外で学ぶことができるのです。第3に

相互作用性，これは「同じ興味を持つ仲間と学べる」ということです。1人で学習するのは動機や継続性の面で困難を伴いますよね。仲間と一緒に学ぶことで動機づけも得られるし，刺激しあうことで知識を補完・創造できるといった組織学習のメリットも得ることができるのです。第4に越境性，これは「境界を越えて仲間と出会える」ということです。学習の共同体に参加したり共同体を作ったりすると，組織や部門の壁を越えて人とネットワークを構築でき，刺激も得られます。そして第5に親和性，これは「居心地がいい」ということです。気のあう仲間と学習するので安心しますし，居場所にもなりますよね。これが共同体の学習におけるメリットといえます。

4 共同体における学習

　それでは共同体の学習の具体例について見ていきます。まずは共同体そのものについて考察したコミュニティ研究について見た上で，学習のために構築される共同体として，「ラーニング・コミュニティ」「プロフェッショナル・ラーニング・コミュニティ」「サードプレイス」について見ていきます。

(1) コミュニティ研究

　共同体ときいて，われわれが一般的に考えるのは地域コミュニティだと思います。コミュニティとは何か，という研究は結構な蓄積があるのですが，Hillery（1955）は多くの研究をレビューした上で，特定の地域，社会的相互作用，共通の結びつきという3つの要素が多くの研究に含まれているというまとめをしています。そしてこの中の「特定の地域」というのが地域コミュニティの必須要素になるわけですが，時代が進むにつれて，地域に根ざさないコミュニティもあるのではないかという流れになってきています。MacIver（1924）は社会の中に含まれる集団について，「コミュニティ」と「ア

ソシエーション」という２つの概念を提示しているのですが，彼の
いう「コミュニティ」は「村とか町，あるいは地方や国とかもっと
広い範囲の共同生活のいずれかの領域」という地域コミュニティを
指すのに対し，アソシエーションは，「社会的存在がある共同の関
心（利害）または諸関心を追求するための組織体」という区別をし
ています。本章や次章でいう共同体とは，どちらかというとアソシ
エーションの方に近いですね。

　そしてコミュニティはPutnam（2000）やBauman（2001）が指
摘するように，地域の人々のつながりが希薄になるにつれて，その
概念が変容してきています。しかしたとえ地域に根ざしていなくて
も，人々が集まって話したりすることによる親近感や安らぎ，居場
所感は，学習のモティベーションにつながると考えます。たんなる
人のつながりではなく，共同体の学習における共同体には，そのよ
うな要素が必要なのです。

　コミュニティ研究について見てきた上で，まず大事な前提をまと
めておきます。第１に，学習の共同体は自由に参加・離脱したり作
ったりできる，ということです。何が学びたいことがあれば，１人
で調べたりもできますが，同じ関心を持つ人と集まって学ぶことも
できますよね。第２に学習の共同体は基本的にコミュニケーション・
コミュニティです。対話性を重視し，それほど地理的条件，空間性
にこだわらず，何か目的を持って集まって相互作用する集まりです。
今回の場合は目的は学びになります。地域コミュニティで勉強会を
する場合でも，それは地域コミュニティの中に学習の共同体が構築
されるという意味でとらえてください。

(2) ラーニング・コミュニティ

　共同体の学習研究の具体例として，まずはラーニング・コミュニ
ティです。これは大学内外における学習のための共同体みたいなも
ので，大学側が少なくとも作るきっかけを作ります。Gabelnick et

al.（1990）は，「ラーニング・コミュニティは，いくつかの既存の学習過程を1つにつなげた，あるいは教育課程の教材全体を実質的に再構築した，様々な教育課程構造の1つ」であると定義し，それによって学生は学んでいる教材の深い理解と統合の機会を得，学生と教師が学習組織の参加者として互いにさらに相互作用する機会が得られるとしています。またSmith et al.（2004）は，「ラーニング・コミュニティは2つ以上の科目の意図的なつながりやまとまりについての様々なカリキュラムのアプローチ」であると定義した上で，ラーニング・コミュニティが学際的なテーマや問題の中で共通の学生集団を登録することで，学生の時間，単位，学習経験を意図的に再構築し，学習を向上させ，学生・学部・分野を含む学習のつながりを促進するものであるとしています。

　ラーニング・コミュニティの基本的な特徴として，Shapiro & Levine（1999）は，①学生と教員をより小さな集団に組織化する，②カリキュラムの統合を奨励する，③学生が教育的・社会的支援ネットワークを設立するのを支援する，④学生が大学の期待に社会化されるための環境を用意する，⑤教員がより意味のあるやり方で集まる，⑥教員と学生を学習結果に注目させる，⑦学習支援プログラムをコミュニティベースで提供するための環境を用意する，⑧学生の初年度の体験を検討する上での批評的な視点を提供する，の8つをあげています。またTosey（2006）では「ピア・ラーニング・コミュニティ（peer learning community）」を取り上げて議論し，その特徴について，①スタッフと学習者の区別よりも，人間の平等性が優先される，②コース目標の参加的評価，③平等性にかんする2つの原則，すなわち考慮の平等（各人が提起したことはすべて考慮に値する）と機会の平等（誰もが平等にいつでもコースのプロセスに貢献し介入できる），④全人格の教育，⑤力を分かちあう協同的かつ自律的な様式への発展，の5つをあげています。

　ラーニング・コミュニティは大学での学びを促進させるための特

徴を有していて，実際それが可能なのですが，学習者が自由に構築
できるというよりは，大学などの教育機関によって意図的に構築さ
れ，学習者（学生）を参加させる枠組みとして考えられています。
しかしそれを発展させて，学習の共同体にすることはできると考え
られますね。

(3) プロフェッショナル・ラーニング・コミュニティ（PLC）

　次に見ていくのはプロフェッショナル・ラーニング・コミュニテ
ィ（PLC）です。これは学校の教職員の集まりで，教員の学習のた
めのコミュニティを基盤にした学びの場であるといえます。PLCは
学習を集団レベルの活動としてとらえ，認知心理学に加えてSenge
（1990）に代表される組織論の影響を受けています（Senge et al.,
2012）。学校組織に関係する多様なメンバーを教育実践や学校改革
に参加させながら，学校組織の中にPLCを形成することで学習を生
起することを意図しています。

　Hord（2008）は，PLCを持続的なプロフェッショナル的学習を
通じて教授の質を高めるコミュニティであるとし，それを可能にす
る5つの要素をあげています。それは，（1）共有された信念，価
値，ビジョン，（2）分散的・支援的リーダーシップ，（3）構造的・
関係的に支援された状態，（4）集合的な・意図的学習とその応用，
（5）共有された個人の実践，の5つであるとしています。Stoll &
Louis（2007）は，PLCのメンバーシップが学校内の教師のグルー
プという範囲から学校全体，学校外，国境を越えて広がっているこ
と，PLCの知識基盤も教科関連のものから外部知識，教科外の多様
な知識，個々の生徒の知識，文化を越えた知識へと広がっているこ
とを指摘しています。同じようにMitchell & Sackney（2007）は多
様なメンバーを巻き込んでPLCを拡大させる適応的リーダーシップ
（adaptive leadership）が求められるとしていますし，Mulford
（2007）は学校内外の社会関係資本（social capital）を結びつける

実践が，重層的なPLCを構築する原動力になるとしています。この学校を超えた広がりが特徴といえます。

　PLCはどのような学習をもたらすのでしょうか。Stoll et al.（2006）はPLCはたんに教育技能を高めるだけでなく，教育全体を支援する枠組みであること，特に最初に位置づけている教師のモティベーションの維持向上に必要なものであるとしています。またLittle & Horn（2007）は，学校内で起こる問題を「通常化（normalizing）」する（「大丈夫，心配ない」や「私たちみんなに起こること」などといった問題として片づけてしまうこと）という現象について，PLCでの対話や議論が安易な通常化を抑制し，PLCの学習資源に変えることができることを指摘しています。そしてStoll et al.（2002）においても，拡張された共同体（extended community）を構築することが，学校という社会的な共同体にとって重要で，内的共同体とより広い共同体とのギャップを埋めることがリーダーの責務であるとしているのです。

　PLCを発展させる方法としてStoll et al.（2006）は，（1）学習プロセスに焦点を当てる，（2）人的・社会的資源を作り出す，（3）構造的資源を管理する，（4）外部の関係者と相互作用し活用する，の4点をあげています。またHargreaves（2007）は，持続的なPLCの7つの条件として，（1）問題を具体的にし学習と人間関係を深めるという「深さ（depth）」，（2）すべての生徒に恩恵をもたらすような学習について扱う問題の「広さ（breadth）」，（3）短期的な結果を焦らず，時間をかけて世代をまたいでも価値ある学習を追求する「持久力（endurance）」，（4）教師のみの利益ではなく生徒・教師・学校全体に権利が平等に与えられる「正しさ（justice）」，（5）目的中心のリーダーシップと効果的なネットワーキング，交配的な実践によって促進される教育的「多様性（diversity）」，（6）資金や人々を無駄遣いせずエネルギーや資源を保持・再生する「資源の豊富さ（resourcefulness）」，（7）よりよ

い未来のために過去を尊重する「保持（conservation）」，をあげています。

PLCはリーダー（校長先生とか）のリーダーシップとマネジメントを考えているのと，地域社会や保護者を巻き込んだ，越境的なコミュニティを考えているのが特徴です。第11章で見てきたSenge（1990）の学習する組織を参考にしているものが多いです。自発的な運営は考えられていますが，学校側によって運営されるもので，その適用範囲は学校教育に限られています。しかし学習の共同体として，学びを考えた運営はなされています。

(4) サードプレイス

次に見ていくのはOldenberg（1986）によって提唱された「サードプレイス（third place）」です。家庭が「第1の場所」，職場が「第2の場所」だとして，人は家庭でも職場でもない，「第3の場所」を持っている，という考え方で，「インフォーマルな公共生活の中核的環境」という定義をしています。大学生のみなさんも，社会人のみなさんも，そういう場所を持っているかもしれませんね。

Oldenburg（1989）は，アメリカの近代化と郊外への移住が促進された結果，「インフォーマルな公共生活」といわれる，仕事や家庭とは別の，地域住民の会話によってくつろぎや安らぎを得る場がなくなってしまったと指摘しています。その上でその解決においては，家庭，仕事，そして「広く社交的な，コミュニティの基盤を提供すると共にそのコミュニティを謳歌する場」という3つの経験の領域のバランスがとれていなければならないとしてそのような「インフォーマルな公共生活の中核的環境」として「サードプレイス」の概念を提示しているのです。

Oldenburg（1989）はサードプレイスの特徴について，（1）中立の領域である，（2）人を平等にする，（3）会話が主な活動である，（4）たいてい近所にあり，利用しやすい，（5）常連がいる，

（6）雰囲気に遊び心がある，の6つにまとめています。（2）人を平等にするというのは，サードプレイスでは職場や家庭などの関係や世俗の地位から切り離され，誰でも平等になれ，誰でも受け入れられるということです。そしてOldenburg（1989）はサードプレイスを「生来の知恵を磨く本物の錬成所」と表現しています。また，サードプレイスから個人が受ける恩恵について，（1）目新しさ，（2）人生観，（3）心の強壮剤，（4）社交性のパラドックス，の4つの言葉を使って説明しています。（1）目新しさは日常における刺激というような意味ととらえます。（2）人生観についてOldenburg（1989）は，現代の生活環境の中では人生観は容易にゆがめられてしまうとし，サードプレイスでの会話はそれを正常に戻すことができるとしているのです。仕事でやさぐれた気持ちをフラットにするというニュアンスでしょうか。（3）心の強壮剤は居心地のよさによって集う人々を元気にすることです。（4）社交性のパラドックスは，友達関係は大事で維持することも大事だが，そのために職場に幼なじみの友人を乱入させてはならない，ということです。サードプレイスは社交性のパラドックスを解消する装置であ

三毛猫株式会社の例：ボンベイの「ユーキ」が作った
社内サウナサークル

概要	現在20匹が所属する社内サークル。ホームサウナは会社の近くにある「インド湯」。週1でみんなで入りに行く。だいたい入ったあとのサウナ飯がセット。月に何回かは違うサウナに，年に何回かは地方のサウナに遠征する
サードプレイスの特徴	(1) 中立の領域である…仕事の話はほどほどにする (2) 人を平等にする…サークル内では地位に関わらず名前で呼ぶ (3) 会話が主な活動である…サウナは静かに，サウナ飯はわいわいする (4) たいてい近所にあり，利用しやすい…インド湯は会社から徒歩5分 (5) 常連がいる…だいたい10匹くらいがいつも参加する (6) 雰囲気に遊び心がある…ほぼ遊び心しかない
サードプレイスの恩恵	(1) 目新しさ…オンとオフの切り替えと人間関係の構築 (2) 人生観…活動理念は「サウナのために仕事する」 (3) 心の強壮剤…仕事のストレスはサウナでだいたい解決する (4) 社交性のパラドックス…立場を離れた友情を構築する

出典：筆者作成。

るとともに，1人ずつでは友人になれなくても，そこに集う人々を
ひとまとまりに考えることで友人関係を広げることができるのです。
さらにサードプレイスがたんなる会話の場にとどまらず，議論の促
進，ネットワークの連結，相互監視，個人的問題へのケアといった
機能を有しているとしています。実はサードプレイスは，特定のテー
マではなく，人生にとって有効な学びが得られる場所として位置
づけられているのです。

　経営学の分野では少なからぬ数の研究が，サードプレイス概念を
再検討する必要があるとして，概念の拡張を提唱しています（松本，
2022）。その理由は第1に，その概念の前提が，アメリカ社会にお
けるソーシャルネットワークの衰退という限られた範囲の理論にな
っていることです。日本の文脈ですでにサードプレイス概念の再検
討を行っている研究として，モラスキー（2014）の居酒屋研究の他
に，スナック（谷口・スナック研究会，2017），ファストフード店
（中嶋，2020），モーニング喫茶店（島村，2003）といった業態で
も，日本の文脈を加味した検討が行われています。その中でも独自
の視点を持つ研究としてあげられるのが南後（2018）の「ひとり空
間」研究です。Oldenburg（1989）がサードプレイスの最大の特徴
としている，気のあう仲間との何気ない会話がここでは成立しない
のですが，しかし同時に安らぎ・安心感を得られる場所だからです。
南後（2018）もまた日本の都市論の文脈に立脚し，サードプレイス
概念を問い直す重要な研究です。

　概念の拡張を検討する理由の第2に，ITの発展があります。も
はやオンラインでのサードプレイスを検討する必要があるというこ
となのです。オンラインでの対話や交流をしながらも，人は自宅等
で1人で安らぎや安心感を得ているからです。

　概念拡張の第3の理由は，交流以外にもできる可能性があるとい
うことです。サードプレイスをその機能をより生産的に用いようと
する研究は多く，そこから概念をその目的に即した形で再検討しよ

うという考え方になります。そして概念が抽象的で単純すぎるという理由で概念の精緻化を試みている研究もあります。たとえば石山（2021）は，従来の交流を目的としたサードプレイス概念を「伝統的サードプレイス」と位置づけ，マイプレイス型を「演出された商業的サードプレイス」，社交以外の目的を持ったサードプレイスを「テーマ型サードプレイス」，オンラインでのサードプレイスを「バーチャルサードプレイス」と分類しているのです。このようにサードプレイスは，従来通りの安らぎと親近感の場所である考え方と，より機能を持たせた概念へと発展させる考え方の間で引っ張りあっているのです（**図表14-1**）。

　サードプレイスは幅の広い概念で，人生のいろいろなことを学べる場所ではありますが，学習のために作られているわけではなく，学習をする義務もありません。しかし自由な場なので，学びに使うこともできないわけではないです。それに学習において，親近感ややすらぎ，居場所感といったものが，市川（2001）の指摘するように，関係志向的な学習意欲に影響すると考えると，サードプレイスの考え方は示唆に富んでいるといえます。

図表14-1　サードプレイス概念の維持・発展トレードオフ

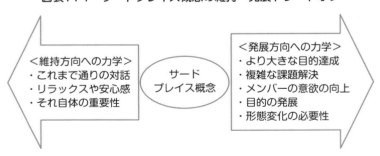

出典：松本（2022）を参考に，筆者作成。

5 おわりに

　本章では，共同体の学習として，その考え方とメリット，そして
関連概念として，ラーニング・コミュニティ，PLC，サードプレイ
スを見てきました。共同体の学習のメリットを最大限にいかす，「学
習のためのコミュニティ」を構築すれば，われわれはもっと楽しく，
もっと効果的に，多様な仲間と出会い，居心地のいい場所で安心し
て，対話しながら学ぶことができるようになるのです。そして最も
使いやすく，それを実現できる概念が，次章で見ていく「実践共同
体」なのです。

▼ トランジションのための共同体の学習

　実は本章でのこのコーナーはほとんど次章のものと重複して
います。それを踏まえてですが，「一緒にいて親近感や安心感を
得られる人たちと一緒に学ぶ」ということからは，トランジシ
ョンを乗り越える打開策を得られるかもしれません。いや，学
ぶこともなく，サードプレイスとして一緒にいるだけでも，安
らぎを得て，行動する元気や動機を得られるかもしれないです
よね。

本章のまとめ

・共同体の学習のメリットとしては，非公式性，自発性，相互作用性，越境性，親和性に基づくものがあります。

・コミュニティ研究から，学習の共同体は自由に参加・離脱したり作ったりできること，基本的にコミュニケーション・コミュニティであることがいえます。

・ラーニング・コミュニティは大学での学びを促進させるため，大学などの教育機関によって意図的に構築され，学習者（学生）を参加させる枠組みです。

・PLCはリーダーシップとマネジメントを考えているのと，地域社会や保護者を巻き込んだ，越境的なコミュニティを考えているのが特徴です。

・サードプレイスはインフォーマルな公共生活の中核的環境として考えられましたが，現在では居場所を作る概念として，その拡張が求められています。

考えてみよう

・あなたの参加している「サードプレイス」はどんなところですか。そこからどんなことを学んでいますか。

おすすめ本

Oldenburg, R. (1989) *The great good place: Cafés, coffee shops, bookstores, bars, hair salons and other hangouts at the heart of a community*. Paragon House.（忠平美幸訳 [2013]『サードプレイス：コミュニティの核になる「とびきり居心地よい場所」』みすず書房）

第 **15** 章

実践共同体

本章のねらい

　本章では，共同体の学習に一番適している共同体，
「実践共同体」について学んでいきます。実践共同体
は「学びのためのコミュニティ」であり，そこでの実
践による学びは，様々な学習スタイルにより，効果的
に進めることができます。本章を学ぶことで，実践共
同体をどのように構築し，どのような学習スタイルで
学びを進められるかを理解することができます。

ショートコント

スミレ：先生，人材開発論おつかれさまでした。実践共同体の話もよかったです！

マツモト：そういってくれるとうれしいわ。スミレの国際交流の団体とかもそうやけど，実践共同体を作ればメンバーの学びも深まるし，何より活動も効率的にできるからな。

スミレ：先生の研究では，実践共同体は学習のためにあるんですよね？

マツモト：ある程度用途を絞った方が研究しやすいからそうしたんやけど，実際実践共同体はまちづくりとか地域活性化とかイノベーションとかで使われることも多いねん。そうした方向に今後は進めていきたいな。

スミレ：いいと思います！　先生は自分で実践共同体作ったりしないんですか？

マツモト：もちろん何かできないかなといつも関心は持ってるけど，正直みんなのゼミで手一杯やわ。

スミレ：そっか，私たちのゼミも実践共同体なんですね。

マツモト：もちろん！　学びのコミュニティやからな。そりゃがんばるよ！　実践共同体の研究者のゼミが全然やりがいがないとか，活動がめちゃつまらんとか，それは都合悪いからな。

スミレ：だから先生がんばってくださってるんですね！　私たちが活動してるときも，いつも写真とってくださってるし。

マツモト：そうやな。みんなの写真とるの好きやからな。

スミレ：私たちが小学生みたいに水遊びしていたときも一緒に犬みたいにずぶぬれになってたし，運動会やったときも全力でリレー走って，死んじゃうんじゃないかなーってくらいしばらく動けなくなってたし，私たちが論文書いてるときも，私たち以上に自分の原稿で切羽詰まってたし，あとお酒飲めないのに飲み会で…。

マツモト：そうやな…ようがんばってるみたいやな…。

1 はじめに

　本書の最後の章である本章では，「実践共同体」という「学びの
コミュニティ」について見ていきます。本章をひとことでいえば，
「学びたいことを学ぶコミュニティを作ったり，そこに参加して学
ぼう」ということになります。実践共同体に参加することで，1人
で学ぶよりも楽しく効果的に学ぶことができます。また組織の中で
学ぶことが難しいことも学べますし，境界を越えたネットワークも
広げることができます。そして自分が学びたい実践共同体を作って
人を集めることもできるのです。本章ではそんな考え方とやり方に
ついて学びましょう。

2 実践共同体の「3つの輪モデル」

　実践共同体には，「あるテーマにかんする関心や問題，熱意など
を共有し，その分野の知識や技能を，持続的な相互交流を通じて深
めていく人々の集団」という定義があります（Wenger et al.,
2002）。ここでは「学習のためのコミュニティ」「学びのサークル活
動」みたいにとらえてもらって大丈夫です。みなさんがこれまで見
てきたように，これまでの学習理論は個人の学習か組織の学習か，
という二択だったんですが，本書では学習の第3の場所「コミュニ
ティ」で学ぶ，というのをおすすめしたいのです。勉強会，研究会，
朝食会などなど，企業の中に外に，「学びの共同体」を作り出すこと，
そしてそれをうまくマネジメントしていきながら学習を進めていけ
ば，知識やスキルを身につけながら，いろんな人との人脈も作り出
すことができるのです。
　そのことをわかりやすく提示したのが，「3つの輪モデル」です
（松本，2019）。「組織で学べること」と「個人が学びたいこと」が

すごく重なっている状態①がとてもいい状態なのですが，実際は②のようにAとBがあまり重なっていなくて，「個人が学びたいのに組織では学べない」「組織が学ばせたいけど個人はそんなに関心がない」という学習のミスマッチが起こりがちですよね。これを解決するには仕事へのコミットメントを高めたり，企業に適応させたりして，両者の重なるところを増やしていくことですが，なかなか大変そうです。そこで先ほどの②にもう１つ，「実践共同体で学べること」のCの輪を足してあげて④のようにすると，組織に邪魔されたり組織を邪魔したりせず，自分の学びたいことを学ぶことができます。そして実践共同体は⑤のようにいくつでも参加できるので（多重所属），それによって自分の学びたいことであるBの輪の大部分を満たすことができるのです。

図表15-1　３つの輪モデル

A：組織で学べること　B：個人が学びたいこと　C：実践共同体で学べること

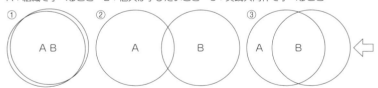

①AとBがかなり一致している状態。仕事をすることが自分を高めることにつながる。
②AとBが乖離している状態。仕事をしても自分の学びたいことは学習しづらい。
③BをAに近づけること。仕事へのコミットメントを高めたり，企業に適応する。
本当は①が一番いいけど，実際は②になっている。対策は③だけどうまくいく保証はない。

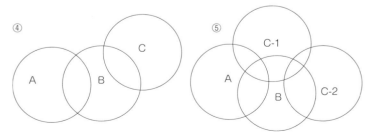

→④⑤のように組織で学べないことを学ぶ「学びのコミュニティ」を作って学ぶ。

出典：松本（2019）。

3　実践共同体の学習スタイル

　それでは実践共同体ではどんな学習ができるのでしょうか。個人学習や組織学習とそんなに変わらないなら，実践共同体に参加しなくてもよさそうですよね。松本（2019）ではそのやり方を4つの学習スタイルとしてまとめています。

（1）熟達学習

　熟達学習は，正統的周辺参加の考え方をベースに，実践共同体への参加を深めていくことを通して，共同体内の古参者からの技能の獲得と成員のアイデンティティの発達を達成していく学習方法です。第13章ではいいそびれてしまったのですが，もともと実践共同体はLave & Wenger（1991）によって最初に提唱されていて，学習者が参加を深める共同体が実は実践共同体なのです。そこから実践共同体は先ほど見たように自由に作ったり参加したりできるものとして位置づけられ，参加による学習スタイルとしてまとめています。

（2）越境学習

　越境（境界横断）とは，組織の内と外，会社の内と外，サークルの内と外などを分ける境界を越えることです。国の内と外を分ける境界が国境です。境界を越えるとこれまで出会えなかった人々に会うことができますよね。実践共同体はそこに参加することで，それまで所属していた組織などの境界を越えることができるので，越境を促進する効果があります。越境学習は境界を越えることで外部の共同体やその成員にアプローチし，そこで構築されるネットワークでの相互作用を通じて技能や知識を獲得・共有・創造する学習スタイルです。もちろん実践共同体に参加しなくても越境学習はできるのですが（石山・伊達，2022参照），実践共同体に参加するのは便

利な越境の手段と考えてください。

(3) 複眼的学習

　よく留学や海外旅行に行くと，日本では当たり前だったり，そうする・考えることが求められたりすることが，必ずしも当たり前だったりいいことだったりしないんだなと気づくことがありますよね。それと同じように，実践共同体に参加して学んでいると，職場や共同体などでよしとされている見方（規範的視点）とは異なる，実践共同体で得られる気づき（非規範的視点）があります。複眼的学習は両者の違いから学習する学習スタイルです。多様で客観的な視点から自己の技能・知識を見て，規範的な知識との比較によって，これまでの価値観やパースペクティブを転換する学習を実現するのです。

(4) 循環的学習

　野球では最初の打席で打てなくても，ベンチに戻ってコーチや選手と相談して対策を立てて，また次の打席でその対策を試す，を繰り返すのが見られますよね。あれと同じように循環的学習は，所属

図表15-2　循環的学習の学習サイクル

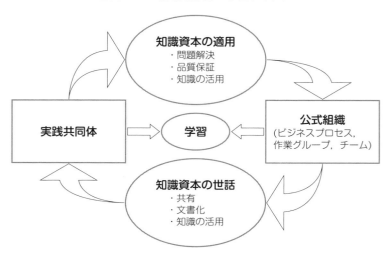

出典：Wenger et al.（2002）を参考に，筆者作成。

する組織と実践共同体の間で実践と省察の循環を構築することで，効率よくPDCAを行ったり，また価値観の変容などを行う学習スタイルです（**図表15-2**）。実践共同体はそこに所属しながら，同時に職場などにも所属できるという多重成員性（マルチ・メンバーシップ）が特徴で，それが学習のループを生み出すのです。

この４つの学習スタイルをうまく使い分けたり，その時点でできることをやったりしながら，学習を効果的にしていくのです。

4 実践共同体の構築

それでは実際に実践共同体を構築することにかんして見ていきます。

（1）実践共同体の構成要素

実践共同体に必要な要素は領域，共同体，実践の３つです。これらがしっかりあることが大事です。

最初は領域です。「何について活動・学習するか」という活動内容・テーマみたいなものです。これがあるからこそ学習したり共有したり，活動に対する判断や評価ができるのです。領域に対するコミットメントのない共同体は友人同士のグループにすぎないといわれます。メンバーは領域を共有することで，一連の知識に対する責任感を覚え，その結果，責任を持って実践を生み出すようになるのです。そう考えると，領域こそが実践共同体の存在理由なのです。そして実践共同体が最も繁栄するのは組織の目標とニーズが，参加者の情熱や野心と交差するときだ，といわれます。やりたいことをやればいいんですが，メンバーの所属する組織の目標に何か関わっていればなおよし，ということでしょうか。

２つめは共同体です。この場合は相互作用する人の集まりといえるでしょうか。実践共同体みたいなことは今に始まったことではな

く，昔から行われてきました。みんなで集まって活動したり学んだりすると楽しいですよね。学習には頭だけではなく，心も必要ということなのです。共同体は相互交流により，共通性と多様性を生み出すのです。そして共同体への加入は強制的でも自発的でもいいですが，実際に関与する度合を決めるのは個々人に委ねられています。

　３つめは実践です。これには２つの意味があります。第１にメンバーが共有する一連の枠組みやアイディア，ツール，情報，様式，専門用語，物語，文書などのことを指し，活動によって得られたもの，みたいな意味です。もう１つは「実際にやってみること」です。メンバーがともに集まって何の活動もしないのは実践共同体ではないです。実際に何かやってみることから得られる学びが大事なのです。

（2）実践共同体育成の７原則

　Wenger et al.（2002）は，実践共同体を構築するにあたって，大事なことを７つの原則にまとめています。実践共同体だけでなく，意外にサークル・バイト先・各種団体・部活等を運営する上でも使えますよ。

［１］進化を前提とした設計を行う…最初に集まったメンバーだけで構築したとしても，それでずっと発展しないというのはよくないですよね。すでにある人脈を利用したり会合を定期的に開いたりしながら，活動を進化させることを考えましょう。

［２］内部と外部それぞれの視点を取り入れる…部内者・部外者両方の視点を運営にいかすことです。部内者ばっかり尊重すると内輪の集まりになってしまいますが，部外者ばっかり尊重してもまとまりません。

［３］様々なレベルの参加を奨励する…実践共同体の参加者には，コーディネーター，コア・グループ，アクティブ・グループ，

周辺グループというレベルがあるのです（**図表15-3**）。このモデルは，最初は周辺グループでも最終的にはコア・グループに…ということはあまり求めていません。参加を深めたい人はそれでいいんですが，周辺グループのメンバーとして話が聞きたいだけなんだという人も歓迎です。個々人それぞれの理由で参加してもいいのです。

［4］公と私それぞれのコミュニティ空間を作る…まじめに学習する時間も大事ですが，みんなで交流したりすることも大事だということです。ウェブ上も含んだオンとオフ，両方でしっかり交流しましょう。

［5］価値に焦点を当てる…7原則の中でも一番重要なものです。ひとことでいえば，「この実践共同体に参加するとどういう得があるのか？」という問いをみんなでよく考えようということです。それによって参加者がなぜ集まってくるのかという問題にフォーカスし，結果として実践共同体をいつまでも長

図表15-3　実践共同体への参加の度合い

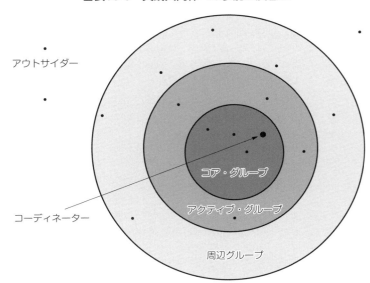

共同体の参加者は，参加の度合いによってグループを行き来する。

出典：Wenger et al. (2002) を参考に，筆者作成。

続きさせることができます。

［6］親近感と刺激を組み合わせる…実践共同体は知識・情報面で
　　　有用なことも大事ですが，メンバー同士の親近感も大事です。
　　　いつものイベントと刺激的なイベントを組み合わせることで，
　　　両者を打ち出すことができ，実践共同体を魅力的にすること
　　　ができます。

［7］コミュニティのリズムを生み出す…定期的に何かをやり，リ
　　　ズムを作り出すことです。ひとことでいえば，「次の予定がい
　　　つも決まっている」ということです。毎週何曜日に集まるで

三毛猫株式会社の例：ジャパニーズ・ボブテイルの「タツキ」の社内サッカーサークル

7原則	タツキの社内サッカーサークル運営方法
［1］進化を前提とした設計を行う	最初は当時所属していた観光事業部の同期と結成したが，サッカーが好きな人は誰でも入れるように考える
［2］内部と外部それぞれの視点を取り入れる	基本的にサッカーのサークルだが，フットサルもやりたいという人の意見も取り入れ，フットサルデーも作った
［3］様々なレベルの参加を奨励する	初心者大歓迎。練習はいつも2面で行い，1つは楽しんで練習する方，もう1つはミニゲーム中心にした，女子にも好評
［4］公と私それぞれのコミュニティ空間を作る	練習試合も含めサッカーをやるときは真剣にやるが，基本的には交流がメイン。飲み会は激しくならないように気を配る
［5］価値に焦点を当てる	とにかく「サッカーが好きな人の交流の場」というのを大事にしている。応援だけでもOK。運動するだけじゃない
［6］親近感と刺激を組み合わせる	毎回の練習に加え，旅行企画や合宿も行う。意外に日本代表応援企画が好評なので，CATサッカーリーグ観戦もやりたい
［7］コミュニティのリズムを生み出す	繁忙期でも月1で集まれるように予定を調整している。次の予定が決まっていないというのは絶対に避ける

出典：筆者作成。

もいいし，不定期でも次の予定を決めてから解散する，という感じです。「そのうち調整しましょう」だと活動は停滞するでしょう。

(3) 実践共同体の発展段階

Wenger et al. (2002) は，実践共同体を発展させていくにあたって，5段階の発展段階モデルを提示しています。それは潜在，結託，成熟，維持・向上，変容の5段階で，それぞれにおいて「発展を促す緊張関係（developmental tensions：DT）」というのを設定しています（**図表15-4**）。これは，その段階に存在するトレードオフのことで，2つの間のバランスをとることが，実践共同体の発展につながると考えています。

［1］潜在…実践共同体の立ち上げ段階です。実践共同体の発展はすでに存在する社会的ネットワークから始まるとしています。いわゆる初期メンバーを集めるためには，いきなり募集するより，知りあいを集めて立ち上げた方がいいということです。ここでの主要な課題はメンバーの間に十分な共通点を見出すことです。本当にそのことを実践したい・学びたいのかということを考えておくことです。そしてDTは発見と創造のバラ

図表15-4　実践共同体の発展段階

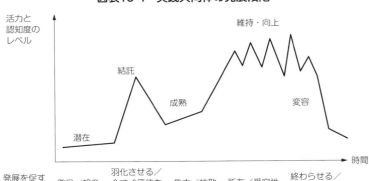

出典：Wenger et al. (2002) を参考に，筆者作成。

ンス，すなわち学びたいことについてすでに詳しい人たちを
誘うか，自分たちだけで立ち上げるかということです。

［2］結託…実践共同体のメンバー間の結びつきや信頼を築き，共
通の関心や必要性に対する認識を高める段階です。第2段階
でメンバー間の仲を深めるというのがポイントですね。主要
な課題は共同体が1つになるために必要な活力を生み出すこ
とです。イベントを開催するなど，この段階ならではの仕掛
けが必要です。そしてDTはコミュニティの孵化と迅速な価値
提供のバランス，すなわちメンバーの関係作りや信頼を優先
するか，このコミュニティの価値を実証することを優先する
かということです。

［3］成熟…実践共同体の焦点，役割および境界をはっきりさせる
段階です。この実践共同体が組織にとっても，社会にとって
も意義あるものである（あるいは意義のないものではない）
ことを明確にすることです。学びのコミュニティとしての実
践共同体の知識を体系化し，知識の世話人としての役割を真
剣に受け止めることが重要になります。ここでのDTは集中と
拡大のバランス，すなわち新しいメンバーを受け入れるか，
今のメンバーの相互交流を維持するかということです。

［4］維持・向上…実践共同体の勢いを持続させ，継続させる段階
です。前の段階で十分に形としては固まっていても，やりた
いこと・学びたいことが変わったりすることもよくあること
です。実践共同体としては，組織での影響力を高め，常に最
先端の状態に，活気に満ちた魅力的なものにする，それを継
続することが求められます。DTは所有者意識と開放性，すな
わち今の領域ややり方を維持するか，新しい人々とアイディ
アに対してオープンでいるかということです。

［5］変容…実践共同体にも死が訪れるとして，いったんやめたり
新しくしたりする段階です。Wenger et al.（2002）において

は，学習が行われなかったり意義ある実践が生み出せなくなったときは，潔く解散したり，組織に取り込まれたりしてもいいという考え方です。ここでのDTはずばり，終わらせるか継続させるかを考えることです。しかしせっかく作った実践共同体，解散ありきで考えなくてもいいと思います。

(4) コーディネーターの役割

　コーディネーターについてもふれておきます。これは実践共同体が領域に焦点を当て，様々な関係を維持し，実践を開発できるように手助けをする人で，実践共同体の「実質的」リーダーといってもいいかもしれません。そこでコーディネーターのリーダーシップが求められるのです。コーディネーターに必要なこととしてWenger et al.（2002）はいくつかの項目をあげています。まず時間です。実践共同体のマネジメントにしっかり時間を割けるかどうかです。次に公共・私的空間どちらにもコミットできることです。そして発表者や助けを求めてくる人たちとの人脈作りの能力です。最後に専門知識ですが，こちらはあるにこしたことはないですが，なくても大丈夫です。これらを総合すると，コーディネーターは「その領域で一番知識があって偉い人」でなくてもいいということです。一番知識があって偉い人が，先ほどの4つをすべて持っているとは限らないからです。先ほど「実質的」リーダーといったのはそのためで，一番知識があって偉い人をリーダーにしておいて，実際は事務局的な立場の人がコーディネーターとして切り盛りするというのでもいいのです。

5 2つの実践共同体と重層型構造

　最後にご紹介するのは，実践共同体には2つのタイプがあるというものです（松本，2019）。これは「小規模で頻繁に集まって，深

い議論を行って知識創造を行う」「大規模で年に1回くらい集まって，とにかく越境して人脈を広げ学習する」という2種類で，前者を熟達型，後者を交流型と呼びます。

図表15-5のように，両者は得意な学習スタイルが違い，どちらも実践共同体ですが，一緒に考えるよりも分けた方がいいのです。

そして両者は使い分けるだけでなく，組み合わせることでより力を発揮します。それは熟達型の実践共同体を横につなげながら，それらを包み込むような交流型の実践共同体を作って，実践共同体間の交流と境界横断を促進するということです。実践共同体同士が横だけでなく縦に積み重なったような構造，重層型構造を構築することが効果的なのです。意外にそういう集まり，あると思いませんか？

図表15-5　実践共同体の2つのタイプ

分類次元	実践共同体のタイプ	
	熟達型	交流型
規模	小・中規模	中・大規模
活動頻度	高い（頻繁に集まる）	低い（頻繁ではない）
同質性	同質的	異質的
非公式性	高い	低い
包摂性	低い	高い
親近感	高い	中程度
コミュニティ感情	高い（役割感覚，コミュニティ感覚，コミュニティ認識）	中程度（コミュニティ感覚，コミュニティ認識）
境界横断性	中程度	高い
学習スタイル	熟達学習，循環的学習，複眼的学習（規範－非規範的比較）	越境学習，複眼的学習（多様な視点からの比較）
主な成果	熟達，知識の創造，暗黙知の活用，メンバーの高密度な相互作用の中で価値観・パースペクティブの変容，アイデンティティ構築	知識の共有，人的ネットワーク構築

出典：松本（2019）。

6 おわりに

　本章では実践共同体の理論について見てきました。本章のメッセージはとてもシンプルです。「学びたいことがあるなら，実践共同体を作ったり参加したりして学ぼうぜ」です。このつながりあった時代，より簡単にできるのではないでしょうか。どこかに参加できるだけでなく，誰かの「楽しく学べる場所」を作るため，がんばってみてください。

三毛猫株式会社の例：トンキニーズの「リョウタ」の社内フットサルサークル

〈熟達型実践共同体〉リョウタは社内フットサルサークルを立ち上げて運営している。週に1回練習日を設けて活動。現在20匹の部員が参加している。他社のサークルとも試合をするようになる	〈熟達型〉前出タツキのサッカーサークルと練習試合	〈熟達型〉白猫株式会社のフットサルサークルと交流試合	〈熟達型〉黒猫株式会社のサークル立ち上げに協力	…
〈交流型実践共同体〉損害保険事業部の仕事でのつきあいが広がるうちに，「大会があれば参加できる」というねこが多いことがわかったリョウタは，「トンキニーズ杯猫会社フットサル選手権大会」を立ち上げる。チームの有無に関わらず声をかけていった結果，当日は15社の参加を実現。盛況となった。新しく練習試合を組みたいという会社に加え，会社横断的な損保の勉強会を開催することにもつながった。トンキニーズ杯は来年度も開催予定				

出典：筆者作成。

▼ トランジションのための実践共同体

　トランジションを乗り越えるために，自分の必要な学びを進められそうな，実践共同体を探して参加するか，作ってみることです。同じ関心に基づいて集まった仲間との学びは，親近感を持って学ぶことができますし，人脈も広げられます。また4つの学習スタイルのうち，必要なものを進めることで，打開策を得られるかもしれません。実践共同体を作って学ぶ，ぜひやってみましょう。

本章のまとめ

・実践共同体は，学びたいことをみんなで学ぶために組織内外に構築される「学びのコミュニティ」です。

・実践共同体独自の学習スタイルとして，熟達学習，越境学習，複眼的学習，循環的学習の4つがあります。

・実践共同体育成には，[1] 進化を前提とした設計を行う，[2] 内部と外部それぞれの視点を取り入れる，[3] 様々なレベルの参加を奨励する，[4] 公と私それぞれのコミュニティ空間を作る，[5] 価値に焦点を当てる，[6] 親近感と刺激を組み合わせる，[7] コミュニティのリズムを生み出す，という7原則があります。

・実践共同体を発展させるには，潜在，結託，成熟，維持向上，変容の5段階の発展段階モデルがあります。

・実践共同体には，小規模で頻繁に集まって，深い議論を行って知識創造を行う熟達型と，大規模で年に1回くらい集まって，とにかく越境して人脈を広げ学習する交流型の2タイプがあり，両者を組み合わせた重層的構造を構築することで，4つの学習スタイルすべてでの学びを促進します。

考えてみよう

・みなさんの所属している実践共同体ってありますか？　そこで
どんなことが学べているか，考えてみてください。

おすすめ本

松本雄一（2019）『実践共同体の学習』白桃書房。

松本雄一（2024）『学びのコミュニティづくり：仲間との自律的な学習
を促進する「実践共同体」のすすめ』同文舘出版。

三毛猫株式会社

あとがき

　本書を手にとっていただき，また読んでいただき，ありがとうございました。

　現代は「自分らしさ」を大事にする時代っていいますよね。本書を執筆するにあたっては自分らしい本，筆者を知っている人なら「これはまつもとらしい本だな」と思ってもらえるような本にしたいと思いました。その上で実現したかったことは，「なぜかよくわからないけど何度も手にとって読んでしまう本」ということです。学習の一番効果的な方法は，何度も繰り返し学ぶことです。一度読んで全部忘れたとしても，何度も読めば定着するし，その後の人生に役に立つ学びも得られると思います。本書がそんな本になればいいと思いますし，今後の改訂がもしあれば，少しでもそうなるようにしていきたいと思います。まえがきに書いた「みなさんの学生生活や社会人生活に寄り添える，友達のような本」，それを本気で目指しています。本当にそうなればいいなと思います。

　本書の執筆・出版にあたっては，同文舘出版㈱専門書編集部の青柳裕之氏には大変お世話になりました。氏の献身的なサポートがなければ，本書は完成しなかったでしょう。ここに感謝申し上げます。なお本書のありうべき誤謬はすべて筆者の責に帰するものです。

　最後に私事ですが，各章にあるショートコントは，テキストの内容を身近に感じてもらう，そのために作ったものです。そこに筆者のゼミ生（16期生）の名前を借りています。そして彼らがいったらおもしろそうな台詞を考えて作る，戯曲でいう「当て書き」という方法で作っています。これは本当に楽しい作業でした。また今回は三毛猫株式会社の例を使いやすいのでいっぱい使おうと思い，そこ

に出てくるねこ社員の名前に，17期生のゼミ生の名前を借りました。この場を借りて16，17期生のゼミ生に，お礼をいいたいと思います。本当にありがとう。みんなと会えて本当によかった。この本をみんなに捧げます。またこれまでのゼミ生のみんな，みんながいたから今があります。そしてこれからのゼミ生のみんな，よろしくお願いします！

　暑すぎて人もまばらな上ヶ原にて

筆者

＜参考文献＞

Alexander, G.（2021）. Behavioral coaching: The GROW model. in Passmore, J.（Ed.）*Excellence in coaching: Theory, tools and techniques to achieve outstanding coaching performance*. Kogan Page.

安藤史江（2001）.『組織学習と組織内地図』白桃書房.

安藤史江（2019）.『コア・テキスト 組織学習』新世社.

Argyris, C. & Schön, D.A.（1978）. *Organizational learning: A theory of action perspective*. Addison-Wesley.

Aaker, J. & Bagdonas, N.（2020）. *Humour, seriously: Why humour is a superpower at work and in life: and how anyone can harness it. Even you*. Penguin Business.（神崎朗子訳［2022］『ユーモアは最強の武器である：スタンフォード大学ビジネススクール人気講義』東洋経済新報社）

Arthur, M.B., Claman, P.H. & DeFillippi, R.J.（1995）. Intelligent enterprise, intelligent career. *Academy of Management Executive*, 9（4）, 7-20.

Bauman, Z.（2001）. *Community: Seeking safety in an insecure world*. Polity.（奥井智之訳［2008］『コミュニティ：安全と自由の戦場』筑摩書房）

Bratton, J. & Gold, J.（2003）. *Human resource management: Theory and practice*. Palgrave Macmillan.（上林憲雄・原口恭彦・三崎秀央・森田雅也訳［2009］『人的資源管理：理論と実践』文眞堂）

Bridges, W.（1980）. *Transitions: Making sense of life's changes*. Addison-Wesley.（倉光修・小林哲朗訳［2014］『トランジション：人生の転機を活かすために』パンローリング）

Brown, J.S., Collins, A. & Duguid, P.（1989）. Situated cognition and the culture of learning. *Educational Researcher*, 18（1）, 32-42.（杉本卓訳［1992］「状況に埋め込まれた認知と，学習の文化」安西祐一郎他編『認知科学ハンドブック』共立出版，21-35ページ）

Burke, B.（2014）. *Gamify: How gamification motivates people to do extraordinary things*. Routledge.（鈴木素子訳［2016］『ゲーミファイ：エンゲージメントを高めるゲーミフィケーションの新しい未来』東洋経済新報社）

Burton, R.R., Brown, J.S. & Fischer, G.（1984）. Skiing as a model of instruction. in Rogoff, B. & Lave, J.（Eds.）*Everyday cognition: Its development in social context*. Harvard University Press, 139-150.

Butterfield, H.（1957）. *The origins of modern science: 1300-1800*. G. Bell.（渡辺正雄訳［1978］『近代科学の誕生（上）（下）』講談社）

Clark, T.R. (2020). *The 4 stages of psychological safety: Defining the path to inclusion and innovation*. Berrett-Koehler.（長谷川圭訳［2023］『4段階で実現する心理的安全性』日経BP）

Dewey, J. (1916). *Democracy and education: An introduction to the philosophy of education*. Macmillan.（河村望訳［2000］『民主主義と教育』人間の科学社）

Dick, W., Carey, L. & Carey, J.O. (2001). *The systematic design of instruction*. Longman.（角行之監訳［2004］『はじめてのインストラクショナルデザイン：米国流標準指導法Dick & Careyモデル』ピアソン・エデュケーション）

Drucker, P.F. (1993). *Post-capitalist society*. HarperBusiness.（上田惇生訳［2007］『ポスト資本主義社会』ダイヤモンド社）

Edmondson, A.C. (2019). *The fearless organization: Creating psychological safety in the workplace for learning, innovation*, and growth. Wiley.（野津智子訳［2021］『恐れのない組織：「心理的安全性」が学習・イノベーション・成長をもたらす』英治出版）

Freire, P. (1970). *Pedagogy of the oppressed*. Seabury Press.（三砂ちづる訳［2011］『被抑圧者の教育学』亜紀書房）

Freire, P. (1985). *The politics of education: culture, power, and liberation*. Bergin & Garvey.

藤田完二・高橋慶治・木村孝（2002）.『自分を伸ばす「実践」コーチング：人と組織のパフォーマンスを高めるコミュニケーション・スキル』ダイヤモンド社.

福島正伸（2007）.『メンタリング・マネジメント：共感と信頼の人材育成術』ダイヤモンド社.

Gabelnick, F., MacGregor, J., Matthews, R.S. & Smith, B.L. (1990). *Learning communities: Creating connections among students, faculty, and disciplines*. Jossey-Bass.

Gagné, R.M., Wager, W.W., Golas, K.C. & Keller, J.M. (2005). *Principles of instructional design*. Thomson/Wadsworth.（鈴木克明・岩崎信監訳［2007］『インストラクショナルデザインの原理』北大路書房）

Garvin, D.A. (2001). *Learning in action*. Harvard Business School Press.（沢崎冬日訳［2002］『アクション・ラーニング』ダイヤモンド社）

Hall, D.H. (1984). *Human resource development and organizational effectiveness*. in Fombrun, C.J., Tichy, N.M. & Devanna, M.A. (Eds.) *Strategic human resource management*. Wiley, 159-181.

Hargreaves, A.（2007）. *Sustainable professional learning communities.* in Stoll, L. & Louis, K.S.（Eds.）*Professional learning communities: Divergence, depth and dilemmas.* Open University Press, 181-195.

橋場剛（2022）.『ビジネスコーチング大全』日経BP日本経済新聞出版.

橋本諭（2006）.「インストラクショナルデザイン」中原淳（編著）『企業内人材育成入門』ダイヤモンド社, 151-182ページ.

Hedberg, B.L.T.（1981）. How organizations learn and unlearn. in Nystrom, P.C. & Starbuck, W.H.（Eds.）*Handbook of organizational design*, 1. Oxford University Press, 3-27.

Higgins, M. & Kram, K.（2001）. Reconceptualizing mentoring at work: A developmental network perspective. *Academy of Management Review*, 26（2）, 264-288.

Hillery, G.A.（1955）. Definitions of community: Areas of agreement. *Rural Sociology*, 20, 111-123.

開本浩矢（編著）（2019）.『組織行動論 第2版』中央経済社.

平田オリザ（2012）.『わかりあえないことから：コミュニケーション能力とは何か』講談社.

本田勝嗣（2000）.『メンタリングの技術：高成果型の人材を早期に育成する新しい人材育成法』オーエス出版.

本間正人・松瀬理保（2006）.『コーチング入門』日本経済新聞社.

Hord, S.M.（2008）. Evolution of the professional learning community. *Journal of Staff Development*, 29（3）, 10-13.

市川伸一（2001）.『学ぶ意欲の心理学』PHP研究所.

石山恒貴（2021）.「サードプレイス概念の拡張の検討：サービス供給主体としてのサードプレイスの可能性と課題」『日本労働研究雑誌』第732号, 4-17ページ.

石山恒貴・伊達洋駆（2022）.『越境学習入門：組織を強くする冒険人材の育て方』日本能率協会マネジメントセンター.

伊丹敬之・加護野忠男（2003）.『ゼミナール経営学入門 第3版』日本経済新聞社.

伊藤守（2002）.『コーチング・マネジメント：人と組織のハイパフォーマンスをつくる』ディスカヴァー・トゥエンティワン.

伊藤守・鈴木義幸・金井壽宏（2010）.『神戸大学ビジネススクールで教える コーチング・リーダーシップ』ダイヤモンド社.

岩出博（編著）, 加藤恭子・渡辺泰宏・関口和代・谷内篤博・高橋哲也・洪聖協（2020）.『従業員満足のための人的資源管理』中央経済社.

Jordan, B.（1993）. *Birth in four cultures: A crosscultural investigation of childbirth in Yucatan, Holland, Sweden, and the United States.* Waveland Press.（宮崎清孝・滝沢美津子訳［2001］『助産の文化人類学』日本看護協会出版会）

加護野忠男（1988）. 『組織認識論』千倉書房.

金井壽宏（2002）. 『仕事で「一皮むける」』光文社.

金井壽宏・楠見孝（編）（2012）. 『実践知：エキスパートの知性』有斐閣.

上林憲雄（編著）（2016）. 『人的資源管理』中央経済社.

Keller, J.M.（2010）. *Motivational design for learning and performance: The ARCS model approach.* Springer.（鈴木克明監訳［2010］『学習意欲をデザインする：ARCSモデルによるインストラクショナルデザイン』北大路書房）

ケラリーノ・サンドロヴィッチ（2006）. 『カラフルメリィでオハヨ：いつもの軽い致命傷の朝』白水社.

Kirkpatrick, D.L. & Kirkpatrick, J.D.（2006）. *Evaluating training program: The four levels.* Berrett-Koehler.

北居明・松本雄一・鈴木竜太・上野山達哉・島田善道（2020）. 『経営学ファーストステップ』八千代出版.

Kline, P. & Saunders, B.（1993）. *Ten steps to a learning organization.* Great Ocean Publishers.（今泉敦子訳［2002］『こうすれば組織は変えられる！：「学習する組織」をつくる10ステップトレーニング』フォレスト出版）

Knowles, M.S.（1980）. *The Modern Practice of Adult Education: From Pedagogy to Andragogy.* Cambridge Adult Education.（堀薫夫・三輪建二訳［2002］『成人教育の現代的実践：ペダゴジーからアンドラゴジーへ』鳳書房）

Knowles, M.S., Holton III, E.F. & Swanson, R.A.（2005）. *The adult learner: The definitive classic in adult education and human resource development, 6th edition.* Elsevier Butterworth Heinemann.

Kolb, D.A.（2015）. *Experiential learning: Experience as the source of learning and development.* Person Education.

今野浩一郎（2008）. 『人事管理入門 第 2 版』日本経済新聞出版社.

Kram, K.E.（1988）. *Mentoring at work: Developmental relationships in organizational life.* University Press of America.（渡辺直登・伊藤知子訳［2003］『メンタリング：会社の中の発達支援関係』白桃書房）

Lave, J.（1988）. *Cognition in practice.* Cambridge University Press.（無藤

　　　隆・山下清美・中野茂・中村美代子訳［1995］『日常生活の認知行動』新曜社）

Lave, J. & Wenger, E. (1991). *Situated cognition: Legitimate peripheral participation.* Cambridge University Press.（佐伯胖訳［1993］『状況に埋め込まれた認知：正統的周辺参加』産業図書）

Levitt, B. & March, J.G. (1988). Organizational learning. *Annual Review of Sociology,* 14, 319-340.

Little, J.W. & Horn, I.S. (2007). 'Normalizing' problems of practice: Converting routine conversation into a resource for learning in professional communities. in Stoll, L. & Louis, K.S. (Eds.) *Professional learning communities: Divergence, depth and dilemmas.* Open University Press, 79-92.

MacIver, R.M. (1924). *Community, A sociological study: Being an attempt to set out the nature and fundamental laws of social life.* Macmillan.（中久郎・松本通晴［2009］『コミュニティ：社会学的研究：社会生活の性質と基本法則に関する一試論』ミネルヴァ書房）

March, J.G. & Olsen, J.P. (1976). *Ambiguity and choice in organizations.* Universitetsforlaget.（遠田雄志・アリソン・ユング訳［1986］『組織におけるあいまいさと決定』有斐閣）

松本雄一（2003）.『組織と技能：技能伝承の組織論』白桃書房.

松本雄一（2008）.「キャリア理論における能力形成の関連性：能力形成とキャリア理論との統合に向けての一考察（上）（下）」『商学論究』（関西学院大学商学研究会），第56巻第1号，71-103ページ；第2号，65-116ページ.

松本雄一（2014）.「編集後記」『組織科学』第48巻第2号，92ページ.

松本雄一（2015）.「成人学習論と実践共同体」『商学論究』（関西学院大学），第62巻第3号，37-100ページ.

松本雄一（2019）.『実践共同体の学習』白桃書房.

松本雄一（2022）.「サードプレイス概念の先行研究の検討：実践共同体との関連についての考察」『商学論究』（関西学院大学），第70巻第1/2号，75-106ページ.

松本雄一（2023）.『ベーシックテキスト 人材マネジメント論Lite』同文舘出版.

松尾睦（2011）.『職場が生きる人が育つ「経験学習」入門』ダイヤモンド社.

松尾睦（2021）.『仕事のアンラーニング：働き方を学びほぐす』同文舘出版.

McCall, M.W. (1998). *High flyers: Developing the next generation of leaders.*

Harvard Business School Press.（リクルートワークス研究所訳［2002］『ハイ・フライヤー：次世代リーダーの育成法』プレジデント社）

McKenna, P.J. & Maister, D.H.（2002）. *First among equals: How to manage a group of professionals*. Free Press.（伊豆原弓訳［2003］『初めてリーダーとなる人のコーチング：チームの力を引き出し，個人を活かす23章』日経BP）

Mejirow, J.（1991）. *Transformative dimensions of adult learning*. Jossey-Bass.（金澤睦・三輪建二訳［2012］『おとなの学びと変容：変容的学習とは何か』鳳書房）

美馬のゆり・山内祐平（2005）.『「未来の学び」をデザインする：空間・活動・共同体』東京大学出版会.

Mitchell, C. & Sackney, L.（2007）. Extending the learning community: A boarder perspective embedded in policy. in Stoll, L. & Louis, K.S.（Eds.）*Professional learning communities: Divergence, depth and dilemmas*. Open University Press, 30-44.

マイク・モラスキー（2014）.『日本の居酒屋文化：赤提灯の魅力を探る』光文社.

Moorman, C. & Miner, A.S.（1997）. The impact of organizational memory on new product performance and creativity. *Journal of Marketing Research*, 34, 91-106.

守島基博・島貫智行（編著）（2023）.『グラフィック ヒューマン・リソース・マネジメント』新世社.

Mulford, B.（2007）. Building social capital in professional learning communities: Importance, challenges and a way forward. in Stoll, L. & Louis, K.S.（Eds.）*Professional learning communities: Divergence, depth and dilemmas*. Open University Press, 166-180.

中原淳（編著）（2006）.『企業内人材育成入門』ダイヤモンド社.

中原淳（2010）.『職場学習論：仕事の学びを科学する』東京大学出版会.

中原淳（2012）.「学習環境としての『職場』：経営研究と学習研究の交差する場所」『日本労働研究雑誌』第618号，35-45ページ.

中原淳（2014）.『研修開発入門 会社で「教える」，競争優位を「つくる」』ダイヤモンド社.

中嶋葉子（2020）.「サードプレイスを目的としたファストフード店利用とマニュアル化された接客マナーとの関連：若年労働者を対象にした分析」『成城コミュニケーション学研究』第11号，1-20ページ.

南後由和（2018）.『ひとり空間の都市論』筑摩書房.

西垣悦代・原口佳典・木内敬太（編著）（2022）．『コーチング心理学概論 第2版』ナカニシヤ出版.

Nonaka, I. & Takeuchi, H. (1995). *The knowledge-creating company: How Japanese companies create the dynamics of innovation*. Oxford University Press.（梅本勝博訳［2020］『知識創造企業』東洋経済新報社）

Nystrom, P.C. & Starbuck, W.H. (1984). To avoid organizational crises, unlearn. *Organizational Dynamics*, Spring, 53-65.

尾形真実哉（2022）．『組織になじませる力：オンボーディングが新卒・中途の離職を防ぐ』アルク.

奥林康司・上林憲雄・平野光俊（編著）（2010）．『入門人的資源管理 第2版』中央経済社.

Oldenburg, R. (1989). *The great good place: Cafés, coffee shops, bookstores, bars, hair salons and other hangouts at the heart of a community*. Paragon House.（忠平美幸訳［2013］『サードプレイス：コミュニティの核になる「とびきり居心地よい場所」』みすず書房）

小野達郎・杉原忠（2007）．『部下の力を引き出すメンター入門"新しい師弟関係"が組織を変える』PHPエディターズ・グループ.

Orr, J.E. (1996). *Talking about machines: An ethnography of a modern Job*. ILR Press.

Parker, P., Arthur, M.B. & Inkson, K. (2004). Career communities: A preliminary exploration of member-defined career support structures. *Journal of Organizational Behavior*, 25(4), 489-514.

Parrish, P.E. (2009). Aesthetic principles for instructional design. *Educational Technology Research and Development*, 57, 511-528.

Peterson, K. & Kolb, D.A. (2017). *How you learn is how you live: Using nine ways of learning to transform your life*. Berrett-Koehler.（中野眞由美訳［2018］『最強の経験学習：ハーバード大卒の教授が教える，コルブ式学びのプロセス』辰巳出版）

Pink, D.H. (2009). *Drive: The surprising truth about what motivates us*. Riverhead Books.（大前研一訳［2010］『モチベーション3.0：持続する「やる気！」をいかに引き出すか』講談社）

Polanyi, M. (1966). *The tacit dimension*. Routledge & Kegan Paul.（佐藤敬三訳［1980］『暗黙知の次元』紀伊国屋書店）

Putnam, R.D. (2000). *Bowling alone: The collapse and revival of American community*. Simon & Schuster.（柴内康文訳［2006］『孤独なボウリング：米国コミュニティの崩壊と再生』柏書房）

Radziszewska, B. & Rogoff, B. (1991). Children's guided participation in planning imaginary errands with skilled adult or peer partners. *Developmental Psychology*, 27, 381-389.

リクルートHCソリューショングループ（編著）(2008).『実践ダイバーシティマネジメント：何をめざし，何をすべきか』英治出版.

Reigeluth, C.M., Beatty, B.J. & Myers, R.D. (2017). *The learner-centered paradigm of education*（*Instructional-design theories and models, 4*）. Routledge.（鈴木克明監訳［2020］『インストラクショナルデザイン理論とモデル：学習者中心の教育を実現する』北大路書房）

Rogoff, B. (1990). *Apprenticeship in thinking: Cognitive development in social context*. Oxford University Press.

佐伯胖（監修），渡部信一（編）(2010).『「学び」の認知科学事典』大修館書店.

佐藤博樹・藤村博之・八代充史（2015).『新しい人事労務管理 第5版』有斐閣.

Schein, E.H. (1978). *Career dynamics: Matching individual and organizational needs*. Addison-Wesley.（二村敏子・三善勝代訳［1991］『キャリア・ダイナミクス：キャリアとは，生涯を通しての人間の生き方・表現である。』白桃書房）

Schein, E.H. & Bennis, W.G. (1965). *Personal and organizational change through group methods: The laboratory approach*. Wiley.（古屋健治・浅野満訳編［1969］『T-グループの実際：人間と組織の変革I』；伊東博訳［1969］『T-グループの理論：人間と組織の変革II』岩崎学術出版社）

Senge, P.M. (1990). *The fifth discipline: The art & practice of the learning organization*. Doubleday/Currency.（枝廣淳子・小田理一郎・中小路佳代子訳［2011］『学習する組織：システム思考で未来を創造する』英治出版）

Senge, P.M., Cambron-McCabe, N., Lucas, T., Smith, B., Dutton, J. & Kleiner, A. (2012). *Schools that learn: A fifth discipline fieldbook for educators, parents, and everyone who cares about education*. Doubleday.（リヒテルズ直子訳［2014］『学習する学校：子ども・教員・親・地域で未来の学びを創造する』英治出版）

Shapiro, N.S. & Levine, J.H. (1999). *Creating learning communities: A practical guide to winning support, organizing for change, and implementing programs*. Jossey-Bass.

島村恭則（2003).「モーニングの都市民俗学」『国立歴史民俗博物館研究報告』

第103集，325-348ページ．

Smith, B.L., MacGregor, J., Matthews, R.S., & Gabelnick, F. (2004). *Learning communities: Reforming undergraduate education.* Jossey-Bass.

Stoll, L., Bolam, R. & Collarbone, P. (2002). Leading for change: Building capacity for learning. in Leithwood, K. & Hallinger, P. (Eds.) *Second international handbook of educational leadership and administration.* Kluwer, 41-73.

Stoll, L., Bolam, R., McMahon, A., Wallace, M. & Thomas, S. (2006). Professional learning communities: A review of the literature. *Journal of Educational Change,* 7, 221-258.

Stoll, L. & Louis, K.S. (2007). Professional learning communities: Elaborating new approaches. in Stoll, L. & Louis, K.S. (Eds.) *Professional learning communities: Divergence, depth and dilemmas.* Open University Press, 1-13.

Sutton, R.I. & Hargadon, A. (1996). Brainstorming groups in context: Effectiveness in a product design firm. *Administrative Science Quarterly,* 41, 685-718.

鈴木克明（2006）．「システム的アプローチと学習心理学に基づくID」野嶋栄一郎・鈴木克明・吉田文（編著）『人間情報科学とeラーニング』放送大学教育振興会，91-103ページ．

鈴木克明（2015）．『研修設計マニュアル』北大路書房．

鈴木義幸（2000）．『コーチングが人を活かす　やる気と能力を引きだす最新のコミュニケーション技術』ディスカヴァー・トゥエンティワン．

高木光太郎（1996）．「実践の認知的所産」波多野誼余夫（編）『認知心理学5 学習と発達』東京大学出版会，37-58ページ．

高橋伸夫（1998）．「組織ルーチンと組織内エコロジー」『組織科学』第32巻第2号，54-77ページ．

武田建（1985）．『コーチング：人を育てる心理学』誠信書房．

谷口功一・スナック研究会（編著）（2017）．『日本の夜の公共圏：スナック研究序説』白水社．

寺澤弘忠（2005）『OJTの実際 第2版』日本経済新聞社。

Tosey, P. (2006). The learning community: A strategic dimension of teaching and learning? in Jarvis, P. (Ed.) *The theory and practice of teaching, 2nd Edition.* Routledge, 169-187.（ポール・トゥズィー・吉田正純［2011］「学習コミュニティ－『教えること／学ぶこと』の方法論

的な次元とは？」渡邊洋子・吉田正純監訳『生涯学習支援の理論と実践「教えること」の現在』明石書店，269-291ページ）

筒井康隆（2000）.『文学部唯野教授』岩波書店.

Van Maanen, J. & Schein, E.H.（1979）. Toward a theory of organizational socialization. in Staw, B.M.（Eds.）Research in organizational behavior. *JAI Press*, 1, 209-264.

Walsh, J.P. & Ungson, G.R.（1991）. Organizational memory. *Academy of Management Review*, 16, 57-91.

渡辺三枝子・平田史昭（2006）.『メンタリング入門』日本経済新聞社.

Wenger, E.（1998）. *Communities of practice: Learning, meaning, and identity*. Cambridge University Press.

Wenger, E., McDermott, R. & Snyder, W.M.（2002）. *Cultivating communities of practice*. Harvard Business School Press.（野村恭彦監修，櫻井祐子訳［2002］『コミュニティ・オブ・プラクティス：ナレッジ社会の新たな知識形態の実践』翔泳社）

Whitmore, J.（2002）. *Coaching for performance: Growing people, performance and purpose*. Nicholas Brealey.（清川幸美訳［2003］『はじめのコーチング：本物の「やる気」を引き出すコミュニケーションスキル』ソフトバンクパブリッシング）

Whitworth, L., Kimsey-House, H., Kimsey-House, K. & Sandarl, P.（2007）. *Co-active coaching: New skills for coaching people toward success in work and life*. Davies-Black Publishing.（CTIジャパン訳［2008］『コーチング・バイブル：人と組織の本領発揮を支援する協働的コミュニケーション』東洋経済新報社）

索 引

〈著者紹介〉

松本　雄一（まつもと・ゆういち）

関西学院大学商学部教授

愛媛県生まれ。愛媛大学法文学部経済学科卒業，神戸大学大学院
経営学研究科修了，博士（経営学）取得。北九州市立大学経済学
部助教授を経て，現在に至る。

専門は経営組織論，人的資源管理論。

著書に『組織と技能：技能伝承の組織論』（白桃書房，2003年），『実
践共同体の学習』（白桃書房，2019年），『実践知 エキスパートの
知性』（共著，有斐閣，2012年），『経営学ファーストステップ』（共
著，八千代出版，2020年），『1からの経営学（第3版）』（共著，
碩学舎，2022年），『ベーシックテキスト人材マネジメント
論Lite』（同文舘出版，2023年），『学びのコミュニティづくり：
仲間との自律的な学習を促進する「実践共同体」のすすめ』（同
文舘出版，2024年）など。

妻が大好き。その次にゼミ生，蕎麦，コーヒー，演劇，ねこなど
が好き。嫌いなものは長い会議。特技はどんなスポーツでも見て
楽しめること。魚座。

2023年10月5日　　初 版 発 行
2024年10月5日　　初版2刷発行　　　　　　　　　　略称：人材開発

ベーシックテキスト

人材開発論Lite

著　者　ⓒ松 本 雄 一
発行者　　中 島 豊 彦

発行所　同 文 舘 出 版 株 式 会 社
東京都千代田区神田神保町1-41　　　　　〒101-0051
電話　営業(03)3294-1801　　　編集(03)3294-1803
振替 00100-8-42935　　　https://www.dobunkan.co.jp

Printed in Japan 2023　　　　　　　　　　製版：一企画
　　　　　　　　　　　　　　　　　　　印刷・製本：三美印刷
　　　　　　　　　　　　　　　　　　　装丁：オセロ

ISBN978-4-495-39077-8

本書と ともに

ベーシックテキスト

人材マネジメント論Lite

松本 雄一 著

A5判　220頁
税込2,640円（本体2,400円）

同文舘出版株式会社